T0194507

essentials liefern aktuelles Wissen in konzentrierter Form. Die Essenz dessen, worauf es als „State-of-the-Art" in der gegenwärtigen Fachdiskussion oder in der Praxis ankommt. *essentials* informieren schnell, unkompliziert und verständlich

- als Einführung in ein aktuelles Thema aus Ihrem Fachgebiet
- als Einstieg in ein für Sie noch unbekanntes Themenfeld
- als Einblick, um zum Thema mitreden zu können

Die Bücher in elektronischer und gedruckter Form bringen das Expertenwissen von Springer-Fachautoren kompakt zur Darstellung. Sie sind besonders für die Nutzung als eBook auf Tablet-PCs, eBook-Readern und Smartphones geeignet. *essentials:* Wissensbausteine aus den Wirtschafts-, Sozial- und Geisteswissenschaften, aus Technik und Naturwissenschaften sowie aus Medizin, Psychologie und Gesundheitsberufen. Von renommierten Autoren aller Springer-Verlagsmarken.

Weitere Bände in der Reihe http://www.springer.com/series/13088

Lutz Frühbrodt

Journalistische Praxis: Wirtschaftsjournalismus

 Springer VS

Lutz Frühbrodt
Fachjournalismus und
Unternehmenskommunikation
HS Würzburg-Schweinfurt
Würzburg, Bayern, Deutschland

ISSN 2197-6708   ISSN 2197-6716   (electronic)
essentials
ISBN 978-3-658-30446-1   ISBN 978-3-658-30447-8   (eBook)
https://doi.org/10.1007/978-3-658-30447-8

Die Deutsche Nationalbibliothek verzeichnet diese Publikation in der Deutschen Nationalbibliografie; detaillierte bibliografische Daten sind im Internet über http://dnb.d-nb.de abrufbar.

Planung/Lektorat: Barbara Emig-Roller
Springer VS ist ein Imprint der eingetragenen Gesellschaft Springer Fachmedien Wiesbaden GmbH und ist ein Teil von Springer Nature.
Die Anschrift der Gesellschaft ist: Abraham-Lincoln-Str. 46, 65189 Wiesbaden, Germany

Was Sie in diesem *essential* finden können

- Reflexionen darüber, was modernen Wirtschaftsjournalismus ausmacht
- Eine Übersicht über die Themenfelder und die wichtigsten Medien des Wirtschaftsjournalismus
- Handlungsempfehlungen dafür, wie man am besten klassische Themen der Unternehmensberichterstattung (Bilanzpressekonferenz, Hauptversammlung etc.) aufbereitet
- Wie und in welchen Textformaten die Unternehmensberichterstattung am besten umsetzbar ist
- Einen Ausblick, der die stärkere Berücksichtigung von Nachhaltigkeitsaspekten fordert

Inhaltsverzeichnis

Was ist Wirtschaft? Was bedeutet Wirtschaften? Rein theoretisch bezeichnet der Begriff alle menschlichen Handlungen, die mit begrenzten Ressourcen zur planvollen und effizienten Befriedigung materieller und teils auch immaterieller Bedürfnisse eingesetzt werden. Rein praktisch gesehen, eröffnet sich ein weites Feld. Der eine[1] verbindet damit vor allem wirtschaftspolitische Themen wie z. B. konjunkturpolitische Maßnahmenpakete in Krisenzeiten. Der andere assoziiert mit Wirtschaft eher typische Verbraucherthemen wie den Vergleich aktueller Versicherungsprämien oder Handytarife. Wieder ein anderer setzt Wirtschaften mit der Geldanlage in Aktien und der Hoffnung auf boomende Börsen gleich. Und schließlich gibt es auch diejenigen, die unter Wirtschaft vor allem die Summe von Unternehmen verstehen, die bestimmte Marktstrategien verfolgen und möglichst hohe Gewinne erzielen wollen. Wirtschaft umfasst all dies.

   Und Wirtschaftsjournalismus informiert über alle Ereignisse und Entwicklungen aus den genannten Feldern der Wirtschaftspolitik, der Verbraucherthemen, der Kapitalmärkte sowie der Unternehmenswelt. Zudem analysiert und bewertet er diese. Der Fokus dieses *essential*-Bandes liegt auf der Unternehmensberichterstattung, ergänzt durch kurze Exkurse ins Börsengeschehen. Der Band besteht aus zwei Teilen. So widmet sich der zweite Teil den klassischen Themen der Unternehmensberichterstattung wie der Bilanzpressekonferenz,

---

[1]Aus Gründen der besseren Lesbarkeit wurde darauf verzichtet, bei Personalpronomen jeweils die Bezeichnungen für alle Geschlechter zu verwenden. Bei Personenbezeichnungen wurde die männliche Form verwendet und mithilfe eines * gekennzeichnet, sodass diese für alle Geschlechter gilt. Beispiel: der Wirtschaftsjournalist*.

der Hauptversammlung oder Fach- und Verbrauchermessen. Es wird erläutert, welche Rolle diese Ereignisse spielen, was der Wirtschaftsjournalist* dabei zu beachten hat und wie er sich am besten darauf vorbereitet. Im zusätzlichen Online-Teil dieses *essential* wird bespielhaft demonstriert (am Ende eines jeden Print-Unterkapitels befindet sich ein entsprechender Link), in welchen journalistischen Textformaten diese Klassiker aufbereitet werden können. **Teil eins hat den Charakter einer allgemeinen Ein- und Hinführung.** So werden die Themenfelder des Wirtschaftsjournalismus sowie die relevantesten Wirtschaftsmedien vorgestellt und in Hinblick auf ihr journalistisches Profil und ihre politische Ausrichtung eingeordnet. Der Überblick beginnt mit Überlegungen, wie und warum sich der Wirtschaftsjournalismus in jüngerer Zeit verändert hat – von einem elitären Fachjournalismus hin zu einem verbraucherfreundlicheren modernen Erklär- und Erzähljournalismus. Dieser Aspekt wird im Ausblick noch einmal aufgegriffen.

Das Ressort Wirtschaft

2

2.1 Vom elitären Fachjournalismus zum modernen Erzähljournalismus

Das Ressort „Wirtschaft" gehört neben „Politik", „Lokales", „Sport" und „Kultur" zwar zu den klassischen Ressorts von Tageszeitungen und damit auch anderen tagesaktuellen Medien. Aber trotz der existenziellen Bedeutung der Ökonomie hat das breite Publikum diesem Ressort lange Zeit wenig Aufmerksamkeit geschenkt. Seit den 1990ern hat der Wirtschaftsjournalismus in Deutschland jedoch mehrere Modernisierungsschübe erfahren, die ihn nahbarer gemacht haben. Dabei handelt es sich weniger um klare disruptive Veränderungen als vielmehr um einen dynamisch-graduellen Prozess.

Elitär und abgehoben? Mit diesen Entwicklungsschüben konnte sich der Wirtschaftsjournalismus zumindest teilweise von seinem weit verbreiteten Image lösen, sich in genauso trockener wie unkritischer Manier fast ausschließlich an sehr kleine, elitäre Zielgruppen zu richten. Traditionell schien z. B. der Wirtschaftsteil einer überregionalen Tageszeitung wie der *Frankfurter Allgemeinen Zeitung* Anlegern, Managern, Wirtschaftspolitikern und einer sehr kleinen Minderheit von Interessierten vorbehalten zu bleiben. Entsprechend fachsimpelnd und abgehoben kam die Wirtschaftsberichterstattung daher. In breiten Teilen der Bevölkerung galt Wirtschaft als „eine Welt für sich", scheinbar abgetrennt von anderen gesellschaftlichen Bereichen. Allenfalls sehr kontrovers geführte wirtschaftspolitische Debatten fanden größere Beachtung bei den Bürgern – beispielsweise über das Für und Wider konjunkturpolitischer Maßnahmenpakete bei den schweren Rezessionen in den Siebziger und Achtziger Jahren.

© Der/die Herausgeber bzw. der/die Autor(en), exklusiv lizenziert durch Springer Fachmedien Wiesbaden GmbH, ein Teil von Springer Nature 2020
L. Frühbrodt, *Journalistische Praxis: Wirtschaftsjournalismus,* essentials,
https://doi.org/10.1007/978-3-658-30447-8_2

Wandel durch Neoliberalismus: Das weitgehende öffentliche Desinteresse lässt sich aber auch damit begründen, dass in der Nachkriegsära des Sozialstaats die öffentliche Daseinsfürsorge z. B. im Falle individueller Arbeitslosigkeit stärker griff und so meist die persönliche Betroffenheit durch das ökonomische Handeln des Staats, von Unternehmen und auch anderer Volkswirtschaften weit geringer blieb als heute. Dies hat sich seit den 1980ern, spätestens seit den 1990ern durch den „Systemsieg" des marktwirtschaftlichen Modells über die sozialistische Planwirtschaft drastisch geändert. Eine weitgehend wettbewerbsorientierte, man könnte auch sagen neoliberale Wirtschaftspolitik hat eine Reihe von Entwicklungen („Megatrends") beschleunigt bzw. hervorgerufen, die die Wirtschaft, aber auch das gesellschaftliche Leben insgesamt sowie den individuellen Lebenswandel teils fundamental verändert haben.

Übersicht

Bei diesen „Megatrends" handelt es sich um die folgenden:

- *Rückbau des Sozialstaats:* Über die Jahre sind sozialpolitische Maßnahmen gekürzt oder abgeschafft worden, mit der Einführung von Hartz IV im Jahr 2002 als vorläufigem „Höhepunkt". Dies hat die individuelle Eigenverantwortung und mithin die persönliche Betroffenheit durch ökonomisches Handeln anderer Akteure erhöht und damit – gewissermaßen nolens volens – das Interesse an der Berichterstattung über wirtschaftliche Entwicklungen verstärkt.
- *Kommerzialisierung des Alltags:* Nicht mehr nur die Arbeitswelt der Menschen wird von wirtschaftlichen Erwägungen und Interessen bestimmt, inzwischen sind es fast alle ihre Lebenswelten. Von der Kultur über den Sport bis hin zu wichtigen Lebensereignissen wie Taufen und Hochzeiten haben private Aktivitäten und Events zunehmend eine kommerzielle Komponente bekommen. Selbst Kindergeburtstage werden heute oft nicht mehr zu Hause, sondern in den Cafeterien eines großen Möbelhauses gefeiert. Der Sozialphilosoph Jürgen Habermas hat in diesem Zusammenhang von der „Kolonialisierung der Lebenswelten" durch die Wirtschaft gesprochen.
- *Globalisierung:* Zunächst auf der Ebene der Europäischen Union, dann stärker in weltweiter Dimension sind Beschränkungen des internationalen Handels wie Zölle und internationaler Finanzströme wie etwa Beschränkungen von Firmenbeteiligungen im Ausland immer weiter abgebaut worden. Dies hat den internationalen Wettbewerbsdruck

deutlich erhöht, gerade auch in Deutschland, das eine stark export-
orientierte Wirtschaft hat.

- *Privatisierung:* Im Geiste einer neoliberalen Wirtschaftspolitik
  haben Bund und Länder in den 1980er und 1990er Jahren zahlreiche
  öffentliche Unternehmen privatisiert, d. h. an private Eigentümer
  veräußert. Dies hat den Wettbewerbsdruck zusätzlich verstärkt und den
  Strukturwandel der Wirtschaft (Personalabbau, Firmenpleiten und –
  neugründungen etc.) beschleunigt.

- *Digitalisierung:* Vor allem der Einsatz von Künstlicher Intelligenz
  dürfte in Zukunft disruptive Folgen für die industrielle Produktion wie
  für die Wirtschaft insgesamt haben: Die Automation wird weiter voran-
  getrieben, maschinelle Systeme werden sich selbst steuern. Dadurch
  könnten sich menschliche Tätigkeiten verändern und ganze Berufe
  sogar überflüssig werden. Bereits jetzt hat die Digitalisierung zahlreiche
  Lebensbereiche und vor allem die Arbeitswelt erfasst („Industrie 4.0").

Drei Entwicklungstrends: Zusammengenommen haben diese Entwicklungen
entscheidend dazu beigetragen, dass sich die Bürger zunehmend für Wirtschaftsjournalismus interessieren – meist aus persönlicher Betroffenheit, teilweise
weil sie mithilfe wirtschaftsjournalistischer Informationen eigene wirtschaftliche Interessen effektiver verfolgen können. Im Wesentlichen lassen sich drei
größere Entwicklungstrends im zeitgenössischen Wirtschaftsjournalismus heraus-
destillieren:

**1. Wechsel der Perspektive weg von Großinvestoren und Managern hin zu
Bürgern und Verbrauchern**
Spektakuläre Börsengänge wecken Publikumsinteresse: Wirtschaftspolitisch
kann man über die Privatisierungswellen der vergangenen Jahrzehnte sicher
geteilter Meinung sein. Die damit oft verbundenen Börsengänge von Staatsunter-
nehmen hatten aber durchaus positive Nebeneffekte auf das Publikumsinteresse
am Wirtschaftsjournalismus. Als am Spektakulärsten gilt die Privatisierung und
Aufteilung der Deutschen Bundespost in den Logistik-Konzern Deutsche Post
DHL und die Deutsche Telekom. Vor allem die drei Börsengänge der Telekom
in den Jahren 1996, 1999 und 2000, bei denen das Unternehmen „T-Aktien"
ausgab (viele sprachen damals auch von „Volksaktien"), sorgten für ein breites
öffentliches Interesse und gaben vor allem der Börsenberichterstattung Auf-
trieb. Diese wurde zusätzlich durch den Boom junger Internet-Unternehmen

(„New Economy") am damaligen Börsensegment Neuer Markt angefeuert. Als der Euphorie durch den Absturz der Telekom-Aktie und die Pleite vieler New-Economy-Unternehmen im Jahr 2003 die Ernüchterung folgte, versuchten zahlreiche Wirtschaftsmedien, das bei vielen Bürgern erwachte Interesse an der Ökonomie durch einen aktiven Verbraucherjournalismus zu bewahren (Vergleich von Versicherungs- und Handytarifen etc.). Auch hier geht es um den geldwerten Vorteil, das konkrete ökonomische Eigeninteresse des Verbrauchers.

Partieller Wechsel zur Verbraucherperspektive: Die erhöhte Nachfrage vonseiten der Verbraucher hat nicht nur zu einem Boom des Finanz- und des Verbraucherjournalismus geführt, sondern auch zu einem Perspektivwechsel in der Wirtschaftsberichterstattung insgesamt. Weg von der reinen Unternehmens-, Investoren- und Wirtschaftspolitiker-Sichtweise, hin zu einem Verbraucher- und Bürger-Blickwinkel. Dieser Schwenk ist bisher zwar nur in Ansätzen gelungen. Er ist auch nicht immer wünschenswert, wenn z. B. ein hochspezialisiertes Anlegermagazin wie *Platow Emerging Markets* nur eine sehr kleine Zielgruppe mit größerer Expertise anspricht. Insgesamt betrachtet hat diese Neujustierung den Wirtschaftsjournalismus aber immerhin ein Stück weit aus der isolierten Position eines sehr elitär anmutenden Fachjournalismus herausgeholt.

2. Sachlich und klar erklären statt fachsimpeln

Wiederholte Wirtschaftskrisen: Megatrends wie die Globalisierung und neoliberale Wirtschaftspolitik haben tiefe Spuren in Wirtschaft und Gesellschaft hinterlassen. Egal, ob man diese eher positiv oder eher kritisch beurteilt: In der jüngeren Vergangenheit gab es immer wieder schwere Wirtschaftskrisen. Zunächst die weltweite Immobilien- und Finanzkrise 2007/2009, direkt danach setzte die Euro- und Verschuldungskrise ein, und schließlich folgte die durch die Corona-Pandemie ausgelöste Weltrezession im Jahr 2020.

Wiederholte Vertrauenskrisen: Diese Krisen wiederum haben Auswirkungen auf die „Gefühlslage der Nation". Viele Menschen verstehen die zunehmende Komplexität wirtschaftlicher Prozesse nicht mehr. Die Krisen und Umwälzungen führen zu Zukunftsängsten. Sie haben aber auch eine Verunsicherung im Hier und Jetzt hervorgerufen, vor allem dann, wenn Menschen persönliche Nachteile befürchten. Diese Sorgen spiegeln sich u. a. in den Erhebungen des „Trust Barometer" der Kommunikationsagentur Edelman wider. Jährlich befragt die britische Agentur über 34.000 Menschen in 28 Märkten zu ihrem Vertrauen in Institutionen. Im Edelman Trust Barometer von 2020 – die Erhebung wurde Ende 2019 durchgeführt – äußerten drei Viertel aller Deutschen die Sorge, dass sie in Folge des technologischen Wandels ihren Job verlieren könnten. Noch nicht einmal die Hälfte der Befragten gab an, Vertrauen in die

Wirtschaft zu haben. 2010 lag dieser Wert sogar nur bei 40 %. Über die Hälfte fand dagegen, dass der Kapitalismus in seiner heutigen Form mehr schadet als hilft. Allerdings misstrauen viele Deutsche auch anderen Institutionen wie Staat, Medien und Nichtregierungsorganisationen (NGOs) (Edelman 2020).

Erklärstücke, Videos, Datenjournalismus: Ähnliche Ergebnisse erbrachte eine repräsentative Umfrage von Claudia Mast (2012) im Zuge der Eurokrise. In der Studie befragte die Stuttgarter Kommunikationswissenschaftlerin die in Deutschland lebenden Bürger unter anderem nach ihren Erwartungen an die Wirtschaftsberichterstattung. So wünschte sich die große Mehrheit der Bürger, „neutral und objektiv" informiert zu werden. Bemühungen in diese Richtung sind seit Jahren deutlich spürbar. Viele Wirtschaftsmedien setzen verstärkt Info-Grafiken ein und ergänzen ihre aktuelle Berichterstattung um Erklärstücke. Online-Medien setzen dabei zunehmend auf Videos. Diese Instrumente sollen teils hochkomplexe wirtschaftliche Vorgänge und Zusammenhänge verständlicher und transparenter machen. Eine positive Rolle spielt hierbei auch der seit einigen Jahren boomende Datenjournalismus, bei dem Wirtschaftsthemen nicht *mit,* sondern vorwiegend *aus* Daten erstellt werden. Meist publiziert in Form interaktiver Karten können Nutzer z. B. herausfinden, „Wo Frauen mehr verdienen als Männer" (Funke Mediengruppe) oder „Einblicke in die Blackbox Schufa" (Spiegel Online) erhalten.

Zum besseren Verständnis soll auch der Einsatz von Storytelling beitragen, ein Konzept, das seit einiger Zeit auch im Journalismus insgesamt immer stärker Verbreitung findet. Kurz zusammengefasst bedeutet Storytelling, dass aus einem Ereignis oder einer Entwicklung eine spannend erzählbare Geschichte gemacht wird. Die Kernelemente bilden ein Hauptprotagonist als „Held" und mögliche Gegenspieler, eine Herausforderung und eine spezifische Dramaturgie (vgl. Schach 2017, Teil II). Auf den Wirtschaftsjournalismus gemünzt könnte dies bedeuten: Bei einer Bilanzpressekonferenz berichtet der Wirtschaftsjournalist* nicht vorrangig darüber, wieviel Umsatz und Gewinn das Unternehmen im abgelaufenen Geschäftsjahr erzielt. Damit würde er lediglich seiner Chronistenpflicht nachkommen. Im Vordergrund steht nun vielmehr, wie sich der Vorstandschef* geschlagen und wie er die Herausforderungen seiner Branche gemeistert hat. Die Finanzkennzahlen bilden dabei „lediglich" die Ergebnisse seines Tuns.

Personalisierung und Emotionalisierung: Es wird deutlich, dass Storytelling fast zwangsläufig einhergeht mit einer stärkeren Personalisierung des Wirtschaftsgeschehens. Dies macht „Unternehmensgeschichten" ohne Frage leichter erzählbar. Konzerne wirken oft abstrakt und so unnahbar wie die verspiegelten

Außenfassaden ihrer Zentralen. Geschichten mit handelnden Personen veranschaulichen die Geschehnisse, machen sie greifbarer und sprechen nicht zuletzt die Gefühle des Publikums an. Verfechter* des Storytelling-Ansatzes bewerten gerade diese Emotionalisierung positiv.

Einige Nachteile: Doch hat diese auch ihre Fallstricke. Erstens, eine Überbetonung der Gefühlsebene kann dazu führen, dass die Leserschaft in der Rezeption weniger ihre kritische Vernunft zur Überprüfung von Fakten einsetzt. Zweitens, der Fokus auf die handelnden Personen mag zwar bei der Machtfülle heutiger Firmenlenker* nicht abwegig wirken, gleichwohl verstellt er zumindest graduell den Blick auf Organisationsstrukturen, auf streng festgelegte Prozesse und damit auf die vielzitierten Handlungszwänge (oder auch die Unmöglichkeit, auf eine bestimmte Art und Weise zu handeln). Die sind oft viel wichtiger als Einzelpersonen. Aus der Politik stammt ein geflügeltes Wort, das auch in der Wirtschaft weitgehende Gültigkeit haben dürfte: Nicht die Person formt das Amt, sondern das Amt die Person. Und schließlich drittens, das Erzählen einer Geschichte trägt tendenziell bereits eine stärkere Interpretation und Bewertung eines Sachverhalts in sich, als wenn man sich primär an Fakten orientiert, auch wenn diese durch Selektion und Arrangement zwangsläufig eine subjektive Prägung erhalten.

3. Stärker einordnen und (kritisch) bewerten
Gefahren und Alternativen: Eine ähnliche Ambivalenz tut sich auch beim zweiten Postulat der von Mast (2012) befragten Bürger* auf: Demnach sollten Wirtschaftsjournalisten* die Geschehnisse für die Leserschaft in einen größeren Kontext einordnen und ihre Bedeutung erklären. So nachvollziehbar dieser Wunsch der Bürger* erscheint, so groß ist auch hier die Gefahr, dass Artikel und audiovisuelle Beiträge durch diese Bewertungen eine subjektive, wenn nicht gar tendenziöse Färbung bekommen. Allerdings gibt es mehrere Auswege aus diesem Dilemma. Alternative Nr. 1: So weit wie möglich zwischen Nachricht und Bewertung trennen, zum Beispiel indem ein Medium die klassische Trennung zwischen Bericht und Kommentar pflegt. In Zeiten, in denen ein oft thesenhaft zugespitzter Journalismus dominiert, ist dies sicher kein leichtes Unterfangen. Alternative Nr. 2: Der Autor* zeigt stets mehrere Szenarien auf und holt vor allem Drittstimmen ein – etwa von Experten* und/oder von Personen mit konträren Einschätzungen.

Zu unkritisch und affirmativ: In dem Wunsch vieler Bürger nach einer stärkeren Bewertung schwingen sicher auch negative Erfahrungen mit dem Wirtschaftsjournalismus mit. Bereits 2007 stellte die Journalistenvereinigung Netzwerk Recherche e. V. fest: „Wirtschaftsjournalismus wird in den Verlagen und

Sendern nicht als Oase des kritischen Journalismus verstanden. Wirtschaftsjournalismus ist in der Tendenz unkritischer und affirmativer als die Berichterstattung in anderen Ressorts." (Netzwerk Recherche 2007, S. 6) Empirisch belegt wurde diese These durch eine Studie von Arlt und Storz (2010). Sie untersuchten die Wirtschaftsberichterstattung ausgewählter deutscher Qualitätsmedien (*FAZ, Süddeutsche* etc.) im Vorfeld und während der großen Finanzkrise 2008/09 und kamen zu einem erschreckenden Ergebnis: „Der tagesaktuelle deutsche Wirtschaftsjournalismus hat als Beobachter, Berichterstatter und Kommentator des Finanzmarktes und der Finanzmarktpolitik bis zum offenen Ausbruch der globalen Finanzmarktkrise schlecht gearbeitet; Pfusch am Bau nennt man das im Handwerk." (Arlt/Storz 2010, S. 10)

Gewisse Lerneffekte: Die Autoren bemängelten, dass der deutsche Wirtschaftsjournalismus nicht als „Frühwarnsystem" funktioniert habe, als sich die Anzeichen für eine internationale Finanzkrise gemehrt hätten. Immerhin attestierten sie einem Teil der untersuchten Medien Lerneffekte im Laufe der Krise. Der kritische Impuls mag bei den meisten Wirtschaftsmedien grundsätzlich nicht übermäßig stark ausgeprägt sein. Und wenn, dann bezieht er sich mehr auf individuelles Fehlverhalten als auf strukturelle oder gar systemische Probleme. Dies mag zum einen daran liegen, dass die Mehrheit der Redaktionen in ihrer wirtschaftspolitischen Ausrichtung marktliberal und unternehmensnah ausgerichtet ist. Zum anderen ist es darin begründet, dass Wirtschaftsjournalisten* gerade gegenüber Unternehmen deutlich weniger Auskunftsrechte besitzen als beispielsweise gegenüber öffentlichen Organisationen. Dessen ungeachtet erscheint es nach wie vor geboten, dass Wirtschaftsjournalisten* ihre öffentliche Aufgabe, auch Kritik und Kontrolle ausüben zu sollen, entsprechend ernstnehmen – dies umso mehr, als Unternehmen keiner demokratischen Kontrolle unterliegen.

Was bleibt festzuhalten? Die ökonomischen Rahmenbedingungen in unserer Gesellschaft haben sich verändert und damit auch der Wirtschaftsjournalismus. In früheren Jahrzehnten wirkte er wie ein abgehobener Fachjournalismus für die Wirtschaftseliten des Landes. Inzwischen hat er sich geöffnet und breiteren Leserschichten zugänglich gemacht. Er ist verbraucherfreundlicher und erklärender geworden. Er setzt mehr aufs Erzählen, dabei auch verstärkt auf Personen und Emotionen – mit allen Vor- und Nachteilen dieser Herangehensweise. Der Wirtschaftsjournalismus ordnet auch stärker ein, zumindest wird das von ihm erwartet. Und er könnte oft noch kritischer sein. Insgesamt also „Tendenz positiv" – mit noch einigem Optimierungspotenzial.

2.2   Die zentralen Themenfelder des Wirtschaftsjournalismus

Klassische Unterressorts: Die Wirtschaftsressorts größerer Medien sind in der Regel in die Unterressorts *Wirtschaftspolitik, Unternehmen* und *Finanzen* aufgeteilt. Dieses Dreigestirn wird in jüngerer Zeit durch *Verbraucherthemen* ergänzt, wobei dieser Bereich bei Zeitungen, Zeitschriften und Onlinemedien oft (noch) kein eigenes Unterressort bildet und meist an die Finanzen angedockt ist. Beim Fernsehen bilden Verbrauchersendungen dagegen den Markenkern des Wirtschaftsressorts. Vor allem Wirtschaftsmagazine aus dem Print-/Online-sektor haben zusätzliche Unterressorts, die zum Beispiel Themenfelder wie *Management* oder *Beruf und Karriere* behandeln.

Immer mehr Hybridthemen: Immer öfter gibt es Überschneidungen zwischen den Bereichen und „Hybridthemen", die nicht eindeutig einem Unterressort zuzuordnen sind. So weist z. B. der Wirtschaftsaufmacher der *Süddeutschen Zeitung* mit dem Titel „Der Traum vom Schlaf" in der Wochen-endausgabe vom 03./04.08.2019 gleich drei Dimensionen auf, wie der Teaser des Artikels deutlich macht. „Viele Arbeitnehmer in Deutschland finden keine Ruhe, manche haben chronische Störungen", skizziert der erste Satz eine Problematik aus dem Bereich „Management/Personalführung". Der zweite Satz lautet: „Das weiß eine Industrie zu nutzen, die müde Menschen mit viel Technik wieder munter machen will – und damit viel Geld verdient." Anscheinend ist dadurch – das ist die zweite Dimension – also eine neue Branche oder zumindest ein neues Geschäftsmodell entstanden. Und diese Branche macht viel Geld mit der Schlaf-losigkeit von Arbeitnehmern, womit der dritte, eher gesamtgesellschaftliche Aspekt ins Spiel gebracht wird. Ist es legitim, die müden Angestellten mit viel Technik wieder auf Trab zu bringen? Oder bilden nicht eher Systemfehler des Wirtschafts- und Produktionssystems des Übels Wurzel?

Themenfelder: Es ist außerdem stark von der Größe des Mediums abhängig, ob es die Unterressorts in Gestalt klar voneinander getrennter organisatorischer Einheiten bedient. In nicht wenigen Wirtschaftsredaktionen sind die Mitarbeiter für alle Themenfelder zuständig. Die Unterressorts veranschaulichen jedoch, auf welchen definierten Themenfeldern die Berichterstattung vornehmlich stattfindet. Wie sind nun die Themenbereiche im Einzelnen definiert und abgesteckt?

Wirtschaftspolitik
Der Begriff umfasst die volle Breite politischer Themen, die von volkswirt-schaftlicher Bedeutung sind. Dazu gehören Maßnahmenpakete gegen eine Kon-junkturflaute, die Jahreshaushalte von Bund, Ländern und Kommunen, Reformen

bei der Steuer, der Rente und dem Arbeitslosengeld, die Regulierung einzelner Branchen, Programme zum Wohnungsbau sowie auch klima- und umweltpolitische Maßnahmen, besonders wenn sie Unternehmen betreffen. Ein sehr weites Feld also.

Grundsatzdebatten: Die Wirtschaftspolitik macht jedoch nicht bei der Politik im engeren Sinne halt. Zu dem Bereich gehören auch Nachrichten über wirtschaftliche Entwicklungen wie etwa das vierteljährliche Wirtschaftswachstum oder die Inflationsrate. Eine wichtige Rolle spielen zudem wirtschaftspolitische Grundsatzdebatten, bei denen sich neben den Parteien oft auch die Spitzenverbände der deutschen Wirtschaft (BDI, DIHK, BDA etc.) und die Gewerkschaften (DGB, IG Metall etc.) einschalten.

Die Umweltpolitik kommt stärker ins Spiel: Trotz der enormen Themenbreite dominieren bestimmte Felder die wirtschaftspolitische Berichterstattung. Bedingt durch ihre unmittelbare Relevanz und die oft hitzig geführten Debatten darüber, stehen die Konjunkturpolitik, die Haushalts- und Steuerpolitik sowie die Gesundheits- und Arbeitsmarktpolitik eindeutig im Mittelpunkt. Zunehmend aber auch die Umweltpolitik, zumal wenn der Erhalt oder die Vernichtung von Arbeitsplätzen ins Spiel kommen. Zum Beispiel bei der Frage, wie schnell die deutsche Autoindustrie ihre Produktion auf Elektromobilität umstellen soll.

Fördermaßnahmen und Strafzölle: Auf regionaler und lokaler Ebene spielt häufig die Förder(ungs)- und Ansiedlungspolitik eine zentrale Rolle. Wie hoch sollen z. B. die Subventionen und wie „unbürokratisch" die Umweltauflagen ausfallen, wenn ein ausländischer Konzern ein großes neues Werk in einer strukturschwachen Region bauen will? Auch die wirtschaftspolitischen Initiativen und Entscheidungen der Europäischen Union sind parallel zu ihrer objektiv zunehmenden Bedeutung stärker ins Blickfeld des Wirtschaftsjournalismus gerückt. Demgegenüber führt die Außenwirtschaftspolitik traditionell eher ein Schattendasein. Dies hat sich jedoch geändert, als im November 2016 Donald Trump zum neuen US-Präsidenten gewählt wurde. Seitdem gibt es zunehmend handelspolitische Konflikte zwischen den Vereinigten Staaten und ihren Handelspartnern mit Strafzöllen als „Waffe".

Überschneidungen mit dem Politikressort: Bei einer Reihe von Politikfeldern wie etwa der Gesundheitspolitik oder der Umweltpolitik bestehen deutliche Überschneidungen zwischen dem Wirtschafts- und dem Politikressort. Es kommt auch häufiger vor, dass beide Ressorts innerhalb eines Mediums darum ringen, wer ein Thema aus den zentralen Themenfeldern Konjunktur-, Finanzsowie Arbeitsmarktpolitik behandeln darf. Dabei sind die Herangehensweisen und Ergebnisse der beiden Redaktionen sehr unterschiedlich: Während beim Politikressort stärker die Akteure (Regierungspolitiker, Parteien etc.) und die

Machtfrage im Vordergrund stehen, analysieren die „Wirtschaftspolitiker*" die
ökonomische Logik und die Auswirkungen auf Unternehmen, Verbraucher* und
Volkswirtschaft.

Unternehmensentwicklung

Pflichttermine und überraschende Ereignisse: Den Rohstoff bilden hier
kalkulierbare Termine wie die Quartals- und Jahresergebnisse von Unternehmen – handele es sich um den Weltkonzern mit mehreren hunderttausend
Mitarbeitern oder um den mittelständischen Betrieb, der als Arbeitgeber für die
Region besonders wichtig ist. Richtig spannend wird es in der Unternehmenswelt jedoch meist, wenn für den Journalisten unvorhergesehene Ereignisse
und Entwicklungen eintreten: Wenn ein Konzern den anderen aufkauft, sich
Konkurrenten unerbittliche Preisschlachten liefern oder Top-Manager ihren Hut
nehmen müssen. Auch Massenentlassungen, Werkschließungen und Insolvenzen
gehören zu den relevanten Themen.

Massive Auswirkungen: Gerade bei den spektakulären Fällen spielt oft
eine wirtschaftspolitische Komponente mit hinein. Denn eine „Elefantenhoch-
zeit" zwischen Großunternehmen kann zum Beispiel die Frage aufwerfen, ob
in der entsprechenden Branche der Wettbewerb ausgeschaltet wird, sodass die
Preise für die Verbraucher steigen. Ein drastischer Personalabbau bei einem
Großunternehmen spiegelt im schlimmsten Fall einen Trend in der gesamten
Wirtschaft wider.

Dies zeigt: Es geht nicht nur um einzelne Unternehmen, sondern oft
um ganze Branchen und Wirtschaftszweige. Die ökonomische Situation von
Branchen wird beleuchtet, es können aber auch anhand einiger führender Unternehmen, wichtige Trends aufgezeigt werden. Wenn zum Beispiel im Maschinen-
bau immer stärker neue Technologien wie miteinander kommunizierende
Produktionsanlagen zum Einsatz kommen, wirft dies die Frage auf, inwieweit
und wie schnell sich „Industrie 4.0" auch in anderen Branchen durchsetzen wird.

Finanzen

Das Unterressort Finanzen steht scheinbar synonym für „Börse", bedeutet
aber noch weit mehr als das. Hier werden die Entwicklungen an den Aktien-,
Anleihe-, Devisen- und Rohstoffmärkten beobachtet. Die Marktberichte
darüber sind ohne Zweifel wichtig, dennoch haben sie, ähnlich der Quartals-
berichterstattung, bei den Unternehmen einen Hauch von Chronistenpflicht.
Die journalistische Kür liegt vielmehr darin, wichtige neue Entwicklungen
und Strukturveränderungen aufzuspüren und zu analysieren – handele es sich
um Trends zu bestimmten Anlageprodukten oder um die Frage, warum die im

kleineren M-DAX notierten Unternehmenswerte besser laufen als die der großen Konzerne im DAX. Immer wieder beliebt sind Analysen über die Entwicklung des Goldpreises, weil das Edelmetall als alternative Anlage Nummer eins zu Aktien und Staatsanleihen gilt.

Auch im Bereich Finanzen spielt die Politik eine bedeutende Rolle. Obwohl Teil der Wirtschaftspolitik, ist auch die Geldpolitik der Europäischen Zentralbank (EZB) und der anderen großen Notenbanken traditionell eine Domäne der „Finanzer". Schließlich hat ein Auf und Ab der Leitzinsen und/oder eine veränderte Anleihepolitik meist unmittelbare Auswirkungen auf die Kapitalmärkte. Finanzjournalisten covern darüber hinaus eine ganze Reihe weiterer Themen mit politischem Einschlag. Dabei kann es sich um „Schwarze Listen" handeln, in denen die Europäische Union Länder wie Panama oder die Seychellen wegen ihrer Begünstigung von Steuerhinterziehung anprangern, oder um eine neue drohende Währungskrise in der Türkei.

Keine direkten Kaufempfehlungen: Einen integralen Bestandteil bilden Berichte und Analysen über Finanzprodukte und Anlagemöglichkeiten. Dabei wird zum Beispiel die Entwicklung von Aktien ganzer Branchen untersucht, oft gibt es „Checks" einzelner Werte. In der Regel werden aber allein schon aus rechtlichen Gründen keine expliziten Kauf- oder Verkaufsempfehlungen ausgesprochen. Meist werden verschiedene Experten, vor allem Bankanalysten, befragt und zitiert, die in ihren Studien einzelne Unternehmenswerte genauer unter die Lupe nehmen. Berichte über sehr spezifische Finanzprodukte wie Unternehmensanleihen oder die vielzitierten Derivate (Zertifikate, Swaps, Optionen etc.) gehen stärker in die Breite. Meist werden auch hier keine bestimmten Produkte empfohlen, sondern – wenn überhaupt – Produktkategorien, die von Experten bewertet werden. Vor allem im Internet gibt es jedoch auch viele meist englischsprachige Anleger-Portale, die stärker direkte Empfehlungen abgeben.

Verbraucherthemen
Vorbild Stiftung Warentest: Bei den Verbraucherthemen wird, wie der Name schon andeutet, der Konsument direkt angesprochen und bei etwaigen ökonomischen Handlungsabsichten beraten – und zwar meist mit konkreten Bewertungen und damit mittelbar auch Empfehlungen. Anders gewendet: Bei Nutzwert-Artikeln und -Sendungen begegnen sich Finanzjournalismus und der klassische Ratgeber-Journalismus, wie ihn seit Jahrzehnten die Stiftung Warentest mit ihren Publikationen pflegt.

Vergleiche bis ins Kleingedruckte: Bei sehr vielen Verbraucherthemen steht der geldwerte Vorteil, der für den Konsumenten entstehen kann, im Mittelpunkt.

Deshalb spielen die Bereiche Steuern und Versicherungen eine herausragende Rolle. Zu den Klassikern gehören auch Artikel mit Titeln wie: „So entkommen Sparer der Gebührenfalle." Das Spektrum reicht aber weit über typische Finanzthemen hinaus. Wenn zum Beispiel die Tarife für die Smartphone-Nutzung oder das Preis-Leistungsverhältnis von Krankenkassen auf den Prüfstand gestellt werden, ist zwar immer der Preisvorteil am wichtigsten. Doch werden in der Regel auch das Kleingedruckte und die allgemeinen Rahmenbedingungen von Anbietern untersucht und miteinander verglichen. Zu einem solchen Vergleich gehören neben dem Text, der die wichtigsten Ergebnisse zusammenfasst, vor allem auch tabellarische Übersichten mit den relevanten Anbietern und Kriterien.

Trockene Gesetze, konkrete Bedeutung: Wenn Gesetzesänderungen – zum Beispiel steuerlicher Art – die Bürger bzw. Anleger betreffen, dann kann und sollte das Thema auch aus Verbrauchersicht aufbereitet werden. „Was bedeutet es für meinen jährlichen Einkommensteuerausgleich als Arbeitnehmer mit mittlerem Einkommen, wenn ein bestimmter Pauschbetrag heraufgesetzt worden ist?", könnte beispielsweise die Leitfrage eines typischen Nutzwert-Artikels lauten.

2.3   Die wichtigsten Wirtschaftsmedien

Vielfalt führt zu Wirtschaftsjournalismen: Wirtschaft bildet ein fundamentales, um nicht zu sagen existenzielles Themengebiet. So ist es auch nicht überraschend, dass Wirtschaftsthemen querbeet in der deutschen Medienlandschaft behandelt werden – nicht nur in einschlägigen Medien, sondern bis hin zu Frauenzeitschriften und technischen Spezialpublikationen. Allerdings unterscheidet sich die Behandlung teils erheblich im Charakter der Themen, in der Ausführlichkeit und ihrer fachlichen Tiefe. Deshalb wäre es wahrscheinlich auch präziser, von Wirtschaftsjournalismen zu sprechen. Traditionell dominant, vor allem bei der Themensetzung, sind die Printmedien mit ihren Online-Portalen. Wichtige Impulsgeber sind allerdings auch die einschlägigen Nachrichtenagenturen. Funk und Fernsehen spielen eher eine untergeordnete Rolle.

Nachrichtenagenturen sind die „Großhändler" des Journalismus: Sie beliefern in erster Linie Medien der anderen Gattungen in digitaler Form mit Informationen über Ereignisse. Diese Nachrichten dienen entweder als Planungsgrundlage für die Redaktionen oder sie werden für die eigene Publikation übernommen. Vor allem Lokalzeitungen drucken überregionale Agenturmeldungen häufig eins zu eins ab. Dies gilt ebenso für Online-Portale von großen Tageszeitungen bis hin zu rein digitalen Finanzmagazinen. Die Bezieher zahlen

vertraglich vereinbarte Gebühren für die fortlaufende Lieferung von Nachrichten-
material und das dazugehörige Veröffentlichungsrecht.

Deutsches dpa-Monopol: Bei den großen Nachrichtenagenturen handelt
es sich um internationale Medienunternehmen mit einem weit verzweigten,
meist weltweiten Korrespondentennetz. Ein Quasi-Monopol nimmt in Deutsch-
land die Deutsche Presseagentur ein. Die Meldungen der Agentur, die mit dem
Kürzel „dpa" versehen werden, decken alle Ressorts bis zur Unterhaltung ab.
Eine wichtige Rolle spielen aber auch Wirtschaftsnachrichten. Einziger größerer
Konkurrent unter den sogenannten Vollagenturen ist in Deutschland die Agence
France-Presse (AFP) aus Frankreich.

Auf Wirtschaft spezialisierte Agenturen: Es gibt allerdings auch eine Reihe
von Agenturen, die sich auf Wirtschaftsthemen spezialisiert haben. So bietet der
kanadisch-britische Konzern Reuters (Kürzel „rtr") vor allem Wirtschafts- und
Finanznachrichten an. Große Wirtschafts-Nachrichtenagenturen, die auf das
Geschehen an den Kapitalmärkten fokussieren, sind Bloomberg, die dpa-Tochter
dpa-afx sowie Dow Jones, das zur News Corp. des Medien-Milliardärs Rupert
Murdoch gehört. Das Angebot der Agenturen umfasst ein breites Spektrum an
Formaten – von reinen Textnachrichten über Infografiken, Podcasts und Videos
bis hin zu Multimedia-Paketen für Websites. Abnehmer sind nicht nur Medien,
sondern auch Unternehmen, Behörden, Verbände und Gewerkschaften sowie
Börsenhändler und Finanzinvestoren. Deshalb besteht die redaktionelle Maxime
der Wirtschaftsagenturen darin, sachlich, neutral und schnell zu informieren.

Internationale Tageszeitungen: In der internationalen Wirtschaftsberichterstattung dominieren die englischsprachigen Medien. Unter den Tageszeitungen sind dies die britische *Financial Times* („FT") und das in New York
herausgegebene *Wall Street Journal*. Was sie schreiben, strahlt oft auch nach
Deutschland aus, denn diese Zeitungen werden von Anlegern, darunter auch
Großinvestoren, sehr ernstgenommen. Schon eine kleine Exklusivmeldung in
diesen Zeitungen kann den Aktienkurs eines Unternehmens stark beeinflussen.
Von großer Bedeutung bei volkswirtschaftlichen Themen ist die Wochenzeit-
schrift *The Economist*. Alle genannten Titel sind auch digital verfügbar, die
Artikel verbergen sich meist hinter Bezahlschranken.

Überregionale deutsche Tageszeitungen: Der Marktführer unter den
deutschen Tageszeitungen, die *Süddeutsche Zeitung,* wird von Entscheidern
vorrangig als Politik-Medium wahrgenommen. Die *SZ* gilt in ihrer politischen
Ausrichtung als linksliberal, ihr Wirtschaftsteil schlägt deshalb oft auch wirt-
schaftskritische Töne an. Es melden sich allerdings auch unternehmensnahe
Stimmen zu Wort. Die hinter der SZ auflagenstärksten überregionalen Tageszeitungen *Frankfurter Allgemeine Zeitung* (FAZ) und *Die Welt* versuchen

traditionell, sich stärker über Wirtschaftsthemen zu profilieren. Die FAZ berichtet umfassend, fundiert, sachlich und wirkt dabei manchmal etwas bieder. Die *Welt* ist aufgrund ihres geringeren Umfangs selektiver und pointierter. Seit 2018 versucht sie zudem, ihre Berichterstattung mit dem Fernsehsender *Welt-TV* zu verzahnen, der ebenfalls zum Axel-Springer-Konzern gehört. Beide Zeitungen sind angebotsorientiert („neoliberal") ausgerichtet. Einen Kontrapunkt bildet hier die *tageszeitung* (taz), die bevorzugt aus einer grün-alternativen Perspektive über Wirtschaftsthemen berichtet.

Wirtschafts- und Wochenzeitungen: Eine wichtige Rolle spielen auch die reinen Wirtschaftstageszeitungen *Handelsblatt* und *Börsenzeitung*. Diese haben deutlich niedrigere Auflagen als die sogenannten Vollzeitungen, Entscheider in den Unternehmen und an den Kapitalmärkten betrachten sie aber oft noch mehr als diese als tägliche Pflichtlektüre. In Deutschland gibt es rund 350 Tageszeitungen, die meisten davon sind regionale und lokale Abonnementzeitungen. Bei der Überzahl stehen wirtschaftliche Entwicklungen im eigenen Einzugsbereich im Mittelpunkt, flankiert von Servicethemen. Unter den Regionalzeitungen gibt es allerdings auch einige, deren Wirtschaftsteile überregionalen Standards standhalten. Dazu zählen die *Stuttgarter Zeitung* und der Berliner *Tagesspiegel*. Der Service-Ansatz ist bei den Sonntagszeitungen wie der *Welt am Sonntag* (WamS) und der *Frankfurter Allgemeinen Sonntagszeitung* (FAS) sehr wichtig – vor allem in den Finanzteilen. In den separaten Wirtschaftsteilen der beiden Sonntagszeitungen wird die Kultur der originellen, umfassend recherchierten und gefällig geschriebenen Hintergrundgeschichte gepflegt. Ein ähnliches Konzept verfolgt die Wochenzeitung *Die Zeit* – sie nähert sich ihren Themen meist politischer und stärker mit Blick auf gesamtgesellschaftliche Auswirkungen.

Boulevardzeitungen wie *Bild, Kölner Express* oder *Berliner Kurier* haben keine eigenen Wirtschaftsteile. Die scheinbar trockene Materie Wirtschaft wird für sie aber dann wichtig, wenn eine Nachricht Sensationscharakter aufweist – wenn Millionen von Menschen um ihre Rente „betrogen" werden oder wenn es um spektakuläre Einzelschicksale von Top-Managern geht. Allerdings schielt gerade die *Bild*-Zeitung nicht allein auf eine möglichst weite Verbreitung, sie will mit wirtschaftspolitischen Themen auch die öffentliche Meinung beeinflussen.

Nachrichtenmagazine: Zusammen mit der *Süddeutschen Zeitung* spielt das wöchentlich erscheinende Nachrichtenmagazin *Der Spiegel* eine führende Rolle im Bereich des investigativen Wirtschaftsjournalismus. Wirtschafts- und sozialpolitische Themen rücken beim *Spiegel* immer dann in den Vordergrund, wenn das Magazin Skandale aufdeckt. Konkurrent *Focus* orientiert sich aufgrund seiner populären Ausrichtung stärker am Nutzwert-Konzept. Manche Themen aus dem Bereich „Versicherungen, Geldanlage, Steuern" schaffen es sogar bis auf die Titelseite. Die jeweiligen Digital-Ableger *Spiegel Online* und *Focus Online* haben eigene Wirtschaftsressorts, bei ihrer Berichterstattung stehen ökonomische Themen aber eher selten im Mittelpunkt.

Die Klassiker unter den Wirtschaftsmagazinen: Bei den reinen Wirtschaftsmagazinen ist das naturgemäß ganz anders. Rund ein Dutzend solcher Zeitschriften gibt es in Deutschland. Das inhaltliche Spektrum der Magazine reicht von den Themenfeldern Unternehmen und Management über die Geldanlage bis zu einem breiten Fächer wirtschaftsnaher Servicethemen. Die Wirtschaftspolitik spielt nur eine untergeordnete Rolle. Gemessen an der Auflage ist die Zeitschrift *Finanztest,* die von der Stiftung Warentest herausgegeben wird, Marktführer. Zu den Leitmedien, die die öffentliche Diskussion prägen, gehört die *Wirtschaftswoche,* die stark auf Exklusivgeschichten und auf thesenhafte Zuspitzung setzt. Ein hohes Maß an Exklusivität, vor allem in Hinblick auf Personalwechsel in den Vorstandsetagen, weist auch das *Manager Magazin* auf. Einen integrierten Ansatz mit Hintergrundberichten über Unternehmen, Geldanlage und Nutzwert verfolgt *Capital.* Eine Ausnahmeerscheinung bildet das Essay-Magazin *brand eins,* dessen zehn Ausgaben pro Jahr jeweils ein Rahmenthema haben.

Jüngere Magazine: Neben diesen Klassikern ist in den vergangenen Jahren eine Reihe neuer Wirtschaftsmagazine auf den Markt gekommen, die eher spitze oder sehr spezifische Zielgruppen adressieren. So wendet sich *Business Punk* an Jung-Manager und Start-Up-Unternehmer, während *Enorm* mit seinem Kernthema Nachhaltigkeit eher eine umweltbewusste und sozialpolitisch fortschrittliche Klientel anspricht. Seit Anfang 2020 ist mit *Courage* ein Finanzmagazin für Frauen auf dem Markt, das Geschichten über „Geld – Karriere – Lebenslust" (Untertitel) erzählen will und zwar nicht wie sonst oft üblich „an Männern entlang".

Im Fernsehen dominieren Servicethemen, um so ein möglichst breites Publikum anzusprechen. Das ZDF kann mit *WiSo* einen regelrechten Klassiker vorweisen. Die ARD kontert mit *Plusminus,* das immer wieder auch Missstände aufdeckt. Mit Nutzwert-Formaten warten fast alle dritten Fernsehprogramme auf. Im Zuge des Aktienbooms Ende der Neunziger Jahre hat die Börsenberichterstattung Einzug ins Fernsehen gehalten, zum Beispiel mit *Börse im Ersten* kurz vor der *Tagesschau* um 20 Uhr. Inzwischen hat das erste Programm sogar ein Börsenportal auf der ARD-Webseite sowie eine dazugehörige App eingerichtet. Börsen- und Anlegerthemen spielen auch bei dem zur RTL-Gruppe gehörenden Privatsender *n-tv* eine wichtige Rolle.

Im Radio hingegen fristet Wirtschaft ein Schattendasein. Eine umfassende Berichterstattung bietet der *Deutschlandfunk* mit einer Reihe verschiedener Sendungen. Die Infowellen der öffentlich-rechtlichen Sender betten Wirtschafts-informationen meist in aktuelle Börsenberichte ein.

Eine in der Wirtschaftsberichterstattung oft unterschätzte Rolle spielen die Fachmedien. Sie dienen der Fachinformation für rein berufliche Zwecke und sind deshalb oft auch thematisch sehr eng zugeschnitten. Drei Beispiele: Die Zeitschrift *Der Betrieb* greift aktuelle Themen aus dem Wirtschaftsrecht und der Betriebswirtschaft auf. Die *Textilwirtschaft* berichtet über wichtige Entwicklungen in der Bekleidungsindustrie. Eine neue Form der publizistischen Verbreitung nutzt Finanz-Szene.de. Das Medium hat zwar auch eine eigene Webseite, die Inhalte werden aber per Newsletter an Manager aus der Banken- und Fintec-Branche verschickt.

Eine weitere wichtige Kategorie bilden reine Online-Medien. Dazu zählt zum Beispiel das Portal *Finanztip*, das sich als „gemeinnütziger Verbraucher-Ratgeber" bezeichnet. *Business-Insider* und Gruenderszene.de wollen vor allem ein jüngeres Publikum ansprechen. Daneben existieren einige Online-Medien, die sich vor allem wirtschaftspolitischen und -theoretischen Diskussionen widmen. Dabei nehmen *Makronom*, *Makroskop* und *Wirtschaftliche Freiheit* teils sehr unterschiedliche ideologische Positionen ein. Die zahlreichen Börsen- und Anlegerportale wie *Onvista*, boerse.de oder *Wallstreet-online* weisen wenig journalistischen Content auf, meist nur Agenturmeldungen. In erster Linie bieten diese Portale Informationen über aktuelle Kursentwicklungen an.

Die wichtigsten Standardthemen und wie der Wirtschaftsjournalist* über sie berichtet

Der Wirtschaftsjournalismus modernisiert sich, die Klassiker bleiben. Ähnlich wie in anderen Ressorts hält auch der Wirtschaftsjournalismus eine Reihe „klassischer" Themen und Anlässe für sein Publikum bereit. Sie bilden das Pflichtrepertoire, der Rest ist Kür. Während im Sport beispielsweise Bundesliga-Spieltage und Olympische Spiele feste Eckdaten für Nachrichten bilden, gibt es auch im Wirtschaftsjournalismus und insbesondere in der Unternehmensberichterstattung solche Fixsterne: Allen voran die Veröffentlichung der Jahresbilanz von Unternehmen, gefolgt von Hauptversammlungen der Aktionäre, wenn es sich um börsennotierte Konzerne handelt. Hier spielt zudem das tägliche Börsengeschehen eine zentrale Rolle. Zu den ressorttypischen Anlässen zählen überdies Fach- und Verbrauchermessen.

Form follows function: Bei allen diesen „Klassikern" gilt es für den Wirtschaftsjournalisten*, bestimmte Aspekte und Kriterien zu berücksichtigen. Zum Teil gibt das Ereignis auch die Form bzw. das Format vor. *Form follows function.* Über einen „Tag an der Börse" ließe sich sicher auch eine spannende Reportage verfassen, allerdings nur, wenn es darum ginge, das Geschehen als solches zu beleuchten und dabei hinter die Kulissen zu blicken. Um dagegen die wichtigsten Fakten und Entwicklungen eines Börsentages zusammenzufassen, wie es standardmäßig im Wirtschaftsjournalismus passiert, bietet sich das sachliche Format des Berichts an.

Zwei weitere typische Formate des Wirtschaftsjournalismus, das Unternehmensporträt und das Manager*porträt, klingen schon eher nach Kür. Aber auch sie sind stets ereignisgetrieben, benötigen also konkrete Anlässe, die ebenfalls meist zu den Klassikern aus der Welt der Wirtschaft gehören. Handele es sich um eine Firmenübernahme beim Unternehmensporträt. Oder drehe es sich beim Manager*porträt um eine neue, herausfordernde Vorstandsposition, die

L. Frühbrodt, *Journalistische Praxis: Wirtschaftsjournalismus,* essentials, https://doi.org/10.1007/978-3-658-30447-8_3

ein Manager antritt. In beiden Fällen läge sicher auch ein Bericht oder Hintergrundbericht nahe. Doch ein Porträt ist hier das Mittel der Wahl für den Wirtschaftsjournalisten*, ohne Frage kombiniert mit einer subjektiven Färbung, um in analytische Tiefen vorzustoßen.

Vorgehen bei der Recherche: Im Folgenden werden die genannten Standard-Anlässe vorgestellt. Besonderes Augenmerk liegt darauf, welche Aspekte in der Berichterstattung unbedingt berücksichtigt werden müssen und wie der Wirtschaftsjournalist* am besten vorgeht. Im ergänzenden Online-Teil werden die Regeln und Möglichkeiten der journalistischen Aufbereitung anhand aktueller Beispiele demonstriert. Am Ende eines jeden Abschnitts befindet sich ein Link zu einem weiteren Text, in dem es um die besipielhafte journalistische Umsatzung des jeweiligen Formats geht.

3.1 Die Bilanzpressekonferenz

Die Leitfragen: Wie sind die Geschäfte im vorigen Jahr gelaufen? Welche Maßnahmen sollen die Profitabilität steigern? Wohin soll die Reise in diesem Jahr gehen? Diese und ähnliche Fragen versuchen die meisten Unternehmen, im Rahmen einer Bilanz-Pressekonferenz oder – geläufiger – einer „Bilanz-PK" zu beantworten. Die Unternehmen führen diesen Typus Pressekonferenz einmal im Jahr durch. Der genaue Zeitpunkt ist abhängig vom Geschäftsjahr, das beim Gros der deutschen Firmen identisch mit dem Kalenderjahr ist. Die meisten Bilanzpressekonferenzen finden deshalb zwischen Ende Februar und April statt.

> Übersicht
>
> Für Wirtschaftsjournalisten* gehört die Berichterstattung über Bilanzpressekonferenzen zum relevanten Standardrepertoire. Die Bilanz-PK ist gleich in vielfacher Hinsicht von Bedeutung:
>
> - Durch sie lässt sich analysieren, wie sich das Unternehmen, das die PK ausrichtet, im abgelaufenen Geschäftsjahr geschlagen hat und wie seine Zukunftsaussichten aussehen.
> - Durch den Vergleich mit konkurrierenden Unternehmen lässt sich die Wettbewerbsposition des berichtenden Unternehmens ermitteln.
> - Dieser Vergleich lässt ein Bild über den Zustand und die Perspektiven der gesamten Branche entstehen.

- Handelt es sich um Schlüsselindustrien wie z. B. die Automobilbranche, lässt dies möglicherweise Rückschlüsse auf die gesamte Wirtschaft wie eine drohende Rezession oder auf strukturelle Probleme in Teilen der Wirtschaft zu.

Publizitätspflicht: Aktiengesellschaften sind nach dem deutschen Wirtschaftsrecht verpflichtet, in regelmäßigen Abständen ihre wichtigsten Finanzkennzahlen zu veröffentlichen. Einige von ihnen, vor allem die im DAX gelisteten Konzerne, veranstalten auch zum Halbjahr eine Pressekonferenz, auf der sie eine Zwischenbilanz ziehen. Nach drei bzw. neun Monaten veröffentlichen die Firmen meist nur Quartalsberichte, nicht selten verbunden mit Telefonkonferenzen für Journalisten* und Finanzanalysten*. Auch nicht notierte Unternehmen, zum Beispiel Familien geführte Aktiengesellschaften oder größere GmbHs, veröffentlichen in der Regel Jahreszahlen. Es liegt aber stärker in ihrem eigenen Ermessen, welche Zahlen sie auf den Tisch legen – und welche nicht.

Der Ort des Geschehens: Die Bilanz-PK findet in der Regel in der Zentrale des Unternehmens statt. Ist diese zu abgelegen, weicht das Unternehmen meist in ein größeres Hotel in der Landeshauptstadt oder einer Finanzmetropole wie Frankfurt/Main aus. Größere Unternehmen übertragen ihre Konferenzen zudem oft als Live-Videostream im Internet. Der Videostream wie auch umfangreiches Infomaterial zum Jahresabschluss laden die Unternehmen im Pressebereich ihrer Corporate Website hoch.

Die Stunde der PR: Für die Unternehmen ist die Bilanz-PK die wichtigste Veranstaltung, um sich der Öffentlichkeit von ihrer (besten) betriebswirtschaftlichen Seite zu präsentieren. Nur Pressekonferenzen zu außergewöhnlichen Ereignissen wie spektakuläre Firmenzukäufe oder Massenentlassungen sorgen für noch größere Aufmerksamkeit. Für den Wirtschaftsjournalisten* ist die Bilanzpressekonferenz ohne Frage ein Muss. Doch sollte er sich im Klaren darüber sein, dass bei der Bilanz-PK – wenn sie nur halbwegs gut läuft – die Stunde der PR-Abteilungen schlägt. Denn die Konferenz folgt einer genau festgelegten Dramaturgie, bei der nur die abschließende Fragerunde einen Risikofaktor darstellt.

Wie sieht der genaue Ablauf aus?
Die Ad-hoc und ihre Folgen: Einige Stunden vor der Bilanz-PK gibt das Unternehmen, sofern es börsennotiert ist, eine „Ad-hoc", also eine Sofort-Mitteilung, heraus, in der die wichtigsten Eckdaten des abgelaufenen Geschäftsjahres aufgeführt und kommentiert werden. In der Regel wird zeitgleich zur vom Aktiengesetz geforderten Ad-hoc eine Pressemitteilung (PM) veröffentlicht, die entweder

identisch ist oder aber in ihrer Tonalität blumiger und euphorischer ausfällt. Und zuweilen auch die eine oder andere wichtige Kennzahl nur beiläufig erwähnt oder sogar unterschlägt, weil sie nicht gerade positiv ausgefallen ist. So kann es vorkommen, dass die Presseabteilung des Unternehmens die große Steigerung des operativen Gewinns wiederholt erwähnt, aber den Umstand, dass unter dem Strich ein Nettoverlust verbucht werden musste, am Ende der Mitteilung in einem Nebensatz oder gar in einer der angefügten Tabellen versteckt.

Schnelligkeit vor Genauigkeit? Die Nachrichtenagenturen greifen die PM in der Regel direkt auf, also Stunden vor der Pressekonferenz. Die Mitarbeiter* der Agenturen erkennen PR-Finten zwar in aller Regel, weil sie genau wissen, auf welche Kennzahlen sie zu achten haben. Allerdings ist der Konkurrenzkampf zwischen den Agenturen extrem hart und manifestiert sich vor allem in einem Wettrennen, als Erster mit der Nachricht auf den Markt zu kommen. Die Agentur-Journalisten* müssen sich deshalb oft auch gezwungenermaßen auf die Pressemitteilung stürzen und schnellstmöglich die wichtigsten Informationen herausfiltern. Dabei können Feinheiten zuweilen übersehen werden.

Der typische Informationsfluss: Zum Beispiel wird dann mit schneller Taste vermeldet, dass der Milliardenverlust eines Unternehmens fast ausschließlich auf dessen Restrukturierungsmaßnahmen zurückzuführen sei – genau so, wie es das besagte Unternehmen in seiner Pressemitteilung behauptet. Ob diese Behauptung tatsächlich voll und ganz so stimmt, müsste durch einen genaueren Blick in das Zahlenwerk der Bilanz überprüft werden. Doch dafür bleibt zunächst meist keine ausreichende Zeit. Im Laufe des Tages werden die Agenturen sicher auch hier genauer hinschauen und prüfen, zumal in ihren längeren Meldungen. Dennoch setzen sich die ersten Jubel- oder auch Horrormeldungen der Nachrichtenagenturen in den Redaktionen anderer Medien (Tageszeitungen, Rundfunk etc.) und gerade auch bei deren Entscheidern fest – meist ganz im Sinne der Unternehmens-PR.

Die üblichen Teilnehmer*: An der Bilanzpressekonferenz nehmen der Unternehmenschef*, bei Aktiengesellschaften also der Vorstandsvorsitzende*, sowie weitere Mitglieder* der Geschäftsleitung bzw. Vorstände teil. Meist assistiert der Finanzvorstand* seinem Chef*. In der Regel ist auch der Kommunikationschef* mit von der Partie. Seine Rolle beschränkt sich jedoch darauf, die Veranstaltung, insbesondere die Fragerunde zu moderieren. Der Vorstandschef* gibt zunächst einen kurzen Überblick über den Geschäftsverlauf des vorigen Jahres, verbunden mit den wichtigsten Kennzahlen. Egal, ob die Zahlen gut oder eher schlecht sind – in aller Regel wird er behaupten, die am Anfang des Jahres angepeilten Ziele erreicht zu haben. Sind die Ziele unübersehbar verfehlt worden, begründen dies die Manager* in der Regel mit „Sondereinflüssen" in der Branche und/oder der allgemeinen Konjunkturflaute.

Strategie und Prognose: Nach dem Überblick skizziert der Unternehmenslenker* meist die weitere strategische Marschroute, um Wachstum und Profitabilität seiner

Firma zu verbessern. Dazu berichtet er über den Stand bereits laufender Maßnahmen oder stellt neue Effizienz-Programme vor. Schließlich gibt der Vorstandsvorsitzende* noch einen Ausblick auf das laufende Geschäftsjahr. Dieser ist umso wichtiger, da die Bilanz eine „Wasserstandsmeldung" für das abgelaufene Geschäftsjahr darstellt. Die Prognose, auch „guidance" genannt, ist insofern von hoher Relevanz, als Analysten* und andere Kapitalmarkt-Experten* sie am Ende des Geschäftsjahres als Messlatte dafür nutzen, inwieweit das Unternehmen seine Ziele erreicht hat oder nicht. Die Analysten* nehmen aber auch selbst Schätzungen des Umsatzes und operativen Gewinns vor, kurz bevor das Unternehmen Zahlen vorlegt.

Reden und Frage-Antwort-Runde: Oftmals reagiert der Aktienkurs sehr stark, wenn die Prognose übererfüllt wird oder umgekehrt die Ergebnisse weit hinter den Vorgaben zurückbleiben. Konkrete Prognosen spricht oft auch der Finanzvorstand* aus, der in seinem Part ausführlicher auf das Zahlenwerk eingeht als der Vorstandschef*. Seine Rede fällt gleichwohl standesgemäß kürzer aus als die des Vorsitzenden*. Die Redezeiten orientieren sich an der geplanten Gesamtlänge der Pressekonferenz, die erfahrungsgemäß eine, in wenigen Fällen auch bis zu zwei Stunden dauert. Die Faustregel lautet: 50 % der Zeit für die Präsentation, die andere Hälfte für die Fragerunde – mindestens.

Übersicht
Zur Bilanz-PK erhalten die Journalisten* von Unternehmensseite folgende, in (digitalen) Pressemappen zusammengestellte Unterlagen:

- die oben erwähnte *Pressemitteilung.*
- die *Reden* der Teilnehmer* oder zumindest Auszüge davon.
- die *Charts* – also Zahlenmaterial –, die während der Reden mittels Beamer an die Leinwände des Konferenzraums geworfen werden und die Vorträge mit Fakten unterlegen sollen.
- oft auch *weitere Statistiken („back up")*, zum Beispiel Übersichtstabellen mit Umsatz- und Gewinnentwicklung einzelner Konzernsparten. Viele dieser Tabellen sind dem Geschäftsbericht entnommen.
- der *Geschäftsbericht.* Der Geschäftsbericht fasst den Geschäftsverlauf des vorigen Jahres, verbunden mit dem Jahresabschluss und eher imageförderlichen Texten, ausführlich zusammen. Ob der Geschäftsbericht schon zur Bilanz-PK vorliegt, hängt davon ab, ob die Zahlen bereits endgültigen Charakter haben. Einige Unternehmen integrieren ihre Nachhaltigkeitsberichte (vgl. Kap. 4) in den Geschäftsbericht, sodass hier auch die „Umweltbilanz" des betreffenden Unternehmens gecheckt werden kann.

Der Geschäftsbericht: Die Finanzzahlen eines Unternehmens werden zunächst in diesem selbst errechnet und überprüft, bevor externe Wirtschaftsprüfer-Gesellschaften wie KPMG oder Ernst & Young sie noch einmal testieren. Erst dann kann der Geschäftsbericht veröffentlicht werden. Zumindest bei einer Reihe börsennotierter Unternehmen gibt dieser Bericht Antwort auf die gerade in den vergangenen Jahren immer populärer gewordene Frage: Wieviel verdienen die Vorstände? Und vor allem: Wieviel kriegt der Chef*? Hintergrund ist die immer wieder aufflackernde öffentliche Debatte über die Frage, ob Spitzenmanager* im Vergleich zu anderen Beschäftigten und zu ihrer Leistung unangemessen hohe Gehälter beziehen.

Zentrale Aufgabe: Bilanz-Check
Welche Zahlen geben am besten Aufschluss über den Zustand des Unternehmens? Worauf sollten Wirtschaftsjournalisten* darüber hinaus unbedingt achten? Dazu vorab zwei grundsätzliche Anmerkungen. Die erste: Trotz des Begriffs „Bilanzpressekonferenz" dreht sich die Bilanz-PK in erster Linie um Daten, die Teil der Gewinn- und Verlustrechnung (G+V) des Unternehmens sind (Umsatz, Konzernüberschuss etc.). Die „eigentliche" Bilanz, die den Aktiva (Vermögenswerte) die Passiva (Eigen- und Fremdkapital) gegenüberstellt, ist in der Regel von geringerer Bedeutung.

Rückstellungen gebildet? Die Bilanz ist vor allem dann von Belang, wenn das Unternehmen zum Beispiel Rückstellungen gebildet hat. Diese Position ist nicht mit Rücklagen, also angehäuftem Kapital, zu verwechseln, sondern stellt vielmehr eine Schuld dar, deren Fälligkeit und/oder genaue Höhe ungewiss ist. So legt das Management zum Beispiel Geld zurück, weil es einen noch laufenden Gerichtsprozess mit geschädigten Kunden oder sich geprellt fühlenden Anlegern führt. Mit anderen Worten: Rückstellungen sollen Risiken finanziell abfedern.

Ist die Eigenkapitalquote hoch genug? Den zweiten wichtigen Blick in die Bilanz sollte der kritische Wirtschaftsjournalist* auf das Verhältnis zwischen Eigen- und Fremdkapital werfen. Wenn die Eigenkapitalquote stark geschrumpft ist, könnte ein Liquiditätsengpass und damit möglicherweise sogar die Insolvenz zu befürchten sein. Die Eigenkapitalquote muss der Journalist* allerdings selbst errechnen. Einen ersten Anhaltspunkt könnte hier die Entwicklung der Verschuldung des Unternehmens geben. Die relevante Größe sind hier die sogenannten Nettofinanzverbindlichkeiten.

Vergleiche oft aussagekräftiger als absolute Zahlen: Zweite Anmerkung: Kennzahlen sind für sich genommen nicht immer sehr aussagekräftig – selbst wenn das Unternehmen die frohe Kunde vom „Milliardengewinn" verbreitet.

Richtig einordnen lassen sich die Zahlen erst, wenn man bestimmte Messgrößen heranzieht. So ist ein Vergleich mit Konkurrenten aus derselben Branche denkbar. Dass Unternehmen A im vorigen Jahr einen Nettogewinn von 250 Mio. EUR erzielt hat, Unternehmen B dagegen von 350 Mio. EUR, kann sicher Anhaltspunkte darüber liefern, wo ein Unternehmen steht. Allerdings nur, wenn der jeweilige Umsatz als weitere Vergleichsgröße herangezogen, also die Rentabilität beider miteinander verglichen wird. Im Regelfall werden jedoch die Zahlen des abgelaufenen Geschäftsjahres denen des Jahres davor gegenübergestellt, um die Entwicklung aufzuzeigen.

Umsatz steht für Wachstum und Marktanteil: Welche Kennzahlen gehören nun unbedingt in die Berichterstattung über den Jahresabschluss eines Unternehmens? Auf jeden Fall Umsatz und Gewinn. Der Umsatz bezeichnet die Gesamtleistung des Unternehmens – definiert als die Menge verkaufter Waren und Dienstleistungen (=Absatz), multipliziert mit dem Verkaufspreis. Diese Kennzahl gibt darüber Auskunft, wie stark und wie schnell ein Unternehmen wächst, wenn man sie in Relation zu Vorjahren, aber auch konkurrierenden Unternehmen setzt. Der Umsatz (synonym: die Erlöse) steht also für Größe und Wachstum des Unternehmens. Der Umsatz ist aber auch wichtig für Unternehmen, weil er ein zentrales Kriterium für die Vergabe von Bankkrediten und staatlichen Subventionen bildet. Er kann aber auch Aufschluss über die Marktanteile eines Unternehmens geben.

Der Gewinn in verschiedenen Größen: Mit „Gewinn" ist der Reingewinn oder auch – verlust gemeint, der unter dem Strich, nach Abzug aller Kosten (inklusive Steuern) vom Umsatz, übrigbleibt. Größere Aktiengesellschaften sprechen hier auch gern vom „Konzernüberschuss", wieder andere Unternehmen vom „Nettogewinn". Der Reingewinn befindet sich buchstäblich „ganz unten", mithin am Ende einer tabellarisch dargestellten Gewinn- und Verlustrechnung. Er ist nicht zu verwechseln mit Zwischengrößen wie dem *Ebitda* („Operatives Ergebnis") oder dem *Ebit* („Betriebsergebnis"), die tendenziell positiver bzw. höher ausfallen, weil wichtige Posten wie Zinszahlungen für Kredite, Abschreibungen und Steuern noch nicht abgezogen worden sind.

Bilanzrechtliche Spielräume: Der Nettogewinn stellt die wichtigste absolute Größe dar. Bei börsennotierten Gesellschaften nicht zuletzt auch deshalb, weil er einen Anhaltspunkt darüber gibt, ob die Aktionäre* eine Dividende, also eine ausgezahlte Beteiligung am Gewinn, erwarten können und wie hoch sie ausfallen könnte. Allerdings: Das Bilanzrecht gibt den Unternehmen einigen Spielraum bei der Gestaltung, sodass sich durch die geschickte Arithmetik bei bestimmten Positionen zumindest über einen bestimmten Zeitraum Kennzahlen wie der

Konzernüberschuss in einem gewissen Rahmen modellieren lassen, z. B. durch sogenannte Verlustvorträge. Während die Unternehmen sich rechtfertigen, dass dies im Rahmen rechtlich möglicher Spielräume erfolge, sprechen Kritiker* von „Bilanzkosmetik".

Sondereffekte? Beim Konzernüberschuss gilt es überdies darauf zu achten, ob er durch einmalige Sondereffekte geprägt ist. Bei international tätigen Unternehmen könnten zum Beispiel sich stark verändernde Wechselkurse sowohl den Umsatz als auch das Ergebnis beeinflussen. Zu einem kurzzeitigen Gewinnsprung führt oft der Verkauf einer Tochtergesellschaft. Diese sogenannte Veränderung im Konsolidierungskreis, der alle Unternehmen und Beteiligungen umfasst, die im Konzernabschluss zu berücksichtigen sind, kann ebenso den Zukauf eines Unternehmens bedeuten. Ein möglicher Effekt hier: Der Umsatz steigt insgesamt zwar an, doch das Konzernergebnis wird in Folge des Integrationsaufwandes für die Übernahme belastet. Zuweilen kaufen Konzerne auch Unternehmen, bei denen es sich generell noch um Verlustbringer handelt.

Vergleich der Konzernsparten: Ein weiterer wichtiger Aspekt ist die Segmentberichterstattung. Börsennotierte Unternehmen sind verpflichtet, Auskunft über die Ertragssituation ihrer einzelnen Sparten zu geben, sollten sie in welche aufgeteilt sein. Hier bietet sich eine Analyse der größten Veränderungen und Verschiebungen an. Auch beim Konzernüberschuss liegt der Vergleich mit dem Vorjahr nahe. Wenn zum Beispiel der Umsatz viel schneller gewachsen ist als der Reingewinn, dann schmälert dies sicher die Erfolgsmeldung von der Gewinnsteigerung. Deshalb wird der Gewinn häufig ins Verhältnis zum Umsatz gesetzt, um die Gewinnmarge zu errechnen. Dies verbessert die Vergleichbarkeit zwischen Stichjahren, aber auch zwischen Wettbewerbern.

Für Anleger* ist der Gewinn je Aktie noch wichtiger. Hier wird die Zahl der ausgegebenen Aktien zum Konzernüberschuss ins Verhältnis gesetzt. Anleger können zwischen verschiedenen Unternehmen vergleichen, wie viel Gewinn für sie herausspringt. Die Kennzahl ist aber noch aufschlussreicher, wenn man sie mit der Dividende vergleicht, die je Aktie ausgeschüttet werden soll. Der Vergleich zeigt, wie hoch die Ausschüttungsquote ist – ob das Management also einen Großteil des Gewinns an die Eigentümer auszahlt oder aber einbehält. Tritt der zweite Fall ein, sollte die Führungsriege nach den Gründen befragt werden.

Informationen über die journalistische Darstellung einer Bilanz-PK sowie Praxisbeispiele finden Sie unter: *https://www.zweite-aufklaerung.de/wie-berichtet-man-ueber-eine-bilanz-pk/*

3.2 Die Hauptversammlung

Keine Routine mehr: Lange Zeit galten Hauptversammlungen („HVs") aus Unternehmenssicht als Routine, oft sogar als leidige Pflichtübungen und waren so auch für Wirtschaftsjournalisten* eher eine Randnotiz als eine Titelgeschichte Wert. Das hat sich in den vergangenen Jahren spürbar verändert, da HVs häufiger sehr kontrovers verlaufen – sie sind zunehmend zu berichtenswerten Veranstaltungen geworden.

Nicht jede HV ist öffentlich: Rein nominell bildet die HV das oberste Beschlussorgan einer Aktiengesellschaft (AG) – über dem Aufsichtsrat und dem Vorstand. Im Umkehrschluss bedeutet dies: Eine GmbH (Gesellschaft mit beschränkter Haftung) sowie Gesellschaftsformen für kleinere Unternehmen wie die Gesellschaft bürgerlichen Rechts (GbR) oder eine Offene Handelsgesellschaft (OHG) kennen diese Form der Eigentümer*beteiligung nicht. Aber nicht alle Aktiengesellschaften halten öffentliche Hauptversammlungen ab. So handelt es sich bei der nicht an der Börse gelisteten Deutschen Bahn zwar um eine AG. Da aber dem Bund alle Aktien gehören, ist auch er allein auf der Bahn-HV vertreten – und lässt keine Zuschauer* zu. In der Regel sind es die börsennotierten Unternehmen, die den Medien Beobachterstatus gewähren. Ihnen ist es lieber, wenn sich Journalisten* ihr eigenes Bild machen können, als wenn sie aus zweiter Hand von unzufriedenen Investoren* informiert würden.

Worüber die HV entscheidet: Die Hauptversammlung einer Aktiengesellschaft findet einmal pro Jahr statt. Die HV-Saison reicht in Deutschland vom Frühjahr bis in den Frühsommer hinein, nachdem die Unternehmen ihre Geschäftsberichte und damit ihre testierten Jahresbilanzen vorgelegt haben.

Übersicht
Zu den wichtigsten Punkten, über die die HV entscheidet, zählen:

- Entlastung des Vorstands und des Aufsichtsrats für das abgelaufene Geschäftsjahr (Entlastung = rechtliche Billigung der geleisteten Arbeit)
- Neuwahl von Mitgliedern* des Aufsichtsrats
- Verwendung des erwirtschafteten Gewinns (Festlegung der Dividendenausschüttung pro Aktie)
- Umstrukturierungen des Unternehmens
- Vergütung des Top-Managements

> Neben ordentlichen HVs, auf denen alljährlich über die beschriebenen
> Punkte debattiert und abgestimmt wird, kann ein Unternehmen aber auch
> eine außerordentliche Hauptversammlung ansetzen, um z. B. über eine
> Fusion mit einem anderen Unternehmen abstimmen zu lassen.

Medienevent in schickem Ambiente: Für Unternehmen sind HVs mit einem
erheblichen organisatorischen Aufwand verbunden, denn theoretisch dürfen und
können alle Aktionäre* teilnehmen. Bei den DAX-Unternehmen machen meist
mehrere Tausend Kleinaktionäre* davon Gebrauch. Vor allem größere Unternehmen gestalten die HV deshalb zunehmend als Event, bei dem sie sich in
besonders mondän gestalteten Hallen buchstäblich in bestem Licht präsentieren
wollen. Umso besser, wenn Medien dann darüber berichten.

Die Stunde der Kleinaktionäre, aber nicht nur

Stimmungsbarometer: Störend an dieser PR-Inszenierung wirkte bisher lediglich, dass HVs oft als Bühne für genauso aufgebrachte wie machtlose Kleinaktionäre* dienten, die ihren Frust über die aktuelle Geschäftspolitik ablassen und
dies von Angesicht zu Angesicht mit der Unternehmensführung. Insofern fungiert
die HV sowohl für das Unternehmen wie auch die Medien als Stimmungsbarometer unter den Kleinaktionären*.

   Die mitunter erbosten Einlassungen einzelner Privatanleger* oder ihrer
Verbände hatten in der Vergangenheit allerdings selten größere Auswirkungen auf
das Abstimmungsverhalten der meisten Aktionäre*. So hat eine Studie der Ver-
mögensverwaltungsgesellschaft Flossbach von Storch mit dem bezeichnenden
Titel „Die Abnicker" (2018) gezeigt, dass die anwesenden Aktionäre* bei
den Hauptversammlungen der 30 DAX-Unternehmen die Beschlussanträge
des Managements im Zeitraum 2005–2018 mit einer durchschnittlichen
Zustimmungsquote von mehr als 90 % unterstützten. Die einzige Ausnahme
bildeten die Vorstandsvergütungen, also die von vielen Bürgern als zu hoch wahr-
genommenen Gehälter der Top-Manager*. Hier schwankte die Zustimmungsquote aber immerhin noch zwischen 70 und 94 %.

   Die HV als Hebel von Großanlagern: Die Zeiten des reinen „Abnickens"
scheinen jedoch vorbei. Seit einigen Jahren nutzen nämlich einflussreiche
Großaktionäre* die HV immer stärker als Hebel, um ihre Interessen öffentlich
zu artikulieren und so Druck auf Unternehmensleitungen auszuüben. Dies
macht viele HVs für die journalistische Berichterstattung umso interessanter.
Traditionell artikulieren sogenannte institutionelle Anleger, worunter vor allem

Fondsgesellschaften und meist ausländische Pensionskassen zu verstehen sind, ihre Anliegen und Forderungen genauso diskret wie direkt gegenüber dem Top-Management. Nicht nur einige dieser Fonds, sondern auch Banken und Versicherungskonzerne, die ihr Geld in Unternehmen anlegen, lassen nun verstärkt auf Hauptversammlungen ihre „Muskeln spielen". Dies zeugt davon, dass Konflikte zwischen Großinvestoren* und Unternehmensleitungen immer rabiater ausgetragen werden. Dabei nehmen immer mehr Großanleger* die Dienste von sogenannten Stimmrechtsberatern* in Anspruch, um ihr Stimmengewicht auf HVs als „strategischen Hebel" einzusetzen.

Beispiel Bayer: Meistens geht es darum, das Management noch stärker zu einer gewinnorientierten Strategie zu drängen. Manchmal sollen aber auch grobe Management-Fehler bestraft werden. So hat zum Beispiel im Frühjahr 2019 eine deutliche Mehrheit der Aktionäre dem Vorstandsvorsitzenden des Chemie- und Pharmakonzerns Bayer, Werner Baumann, die Entlastung versagt. Hintergrund war die vorangegangene Übernahme des US-Konzerns Monsanto, der für gentechnisch manipulierte Produkte und das vermutlich krebserzeugende Pflanzenschutzmittel Glyphosat steht. Der 62 Mrd. US$ teure Kauf überzeugte die Investoren nicht und schickte die Bayer-Aktie auf Talfahrt.

Die Grenzen der „Aktionärsdemokratie": Das Beispiel Bayer zeigt drei Dinge. Erstens, die von den radikalen Verfechtern* eines kapitalistischen Wirtschaftssystems gern ins Feld geführte „Aktionärsdemokratie" kann für Vorstand und Aufsichtsrat eines Unternehmens nur dann ernsthaft gefährlich werden, wenn sich Großanleger* gegen das Management wenden. Denn bei Aktiengesellschaften gilt nicht – wie etwa bei Genossenschaften – das Prinzip „Ein Investor, eine Stimme". Vielmehr bemisst sich das Gewicht der Stimmen nach der Anzahl der Aktien, die ein Anleger* hält. Zweitens, die „Aktionsdemokratie" stößt an ihre Grenzen, wenn es tatsächlich hart auf hart kommt. Denn das Misstrauensvotum der Aktionäre gegen Bayer-Chef Baumann führte nicht dazu, dass dieser zurücktreten musste. Das Votum war nicht rechtlich bindend. Noch am selben Abend sprach der Aufsichtsrat dem Vorstandschef demonstrativ sein Vertrauen aus. Erkenntnis Nummer drei: Die Anleger* begehren in erster Linie dann auf, wenn es um ihr Geld geht, um den Verlauf des Aktienkurses und um die Höhe der Dividende. Ethische oder klimapolitische Aspekte spielen bestenfalls eine Nebenrolle.

Auch NGOs werden aktiv: Wenig später wurde auch der Vorstand der Schweizer Großbank UBS nicht entlastet. Bislang sind Bayer und UBS zwar spektakuläre Einzelfälle in der deutschsprachigen Wirtschaftswelt geblieben. Doch stehen sie als Symbol dafür, dass es auf vielen Hauptversammlungen schon seit einigen Jahren kontroverser und auch turbulenter zugeht. Dies gilt vorrangig für die DAX-30-Konzerne sowie für einzelne kleinere Unternehmen, deren Geschäftspolitik stark umstritten ist. So kann es auch vorkommen, dass Vertreter* einer Gewerkschaft das Wort ergreifen oder im Umfeld der HV publicitywirksame Aktionen durchführen, wenn das Management beispielsweise einen umfassenden Stellenabbau angekündigt hat. Auch Nichtregierungsorganisationen (NGOs) wie Greenpeace oder neuerdings die Klimastreik-Bewegung „Fridays for Future" treten bei und vor allem am Rande von HVs auf, um in das Tagungsgebäude hineinströmende Aktionäre* zu beeinflussen.

Wer wann ans Rednerpult darf
Gespräche am Buffet: Das Gros der Hauptversammlungen läuft allerdings weitgehend harmonisch und ohne spektakuläre Ereignisse ab. Dessen ungeachtet sollten Wirtschaftsredakteure* von Regional- und Lokalzeitungen die Hauptversammlungen von Unternehmen aus ihrem Einzugsgebiet besuchen, besonders wenn es sich um „Lokalmatadore" handelt. Es kann immer etwas Unvorhergesehenes passieren. HVs stellen aber eben auch ein Stimmungsbarometer dar, das authentischer ist als die meist sehr positiv dargestellten Unternehmenszahlen bei der Bilanzpressekonferenz ein paar Wochen zuvor (vgl. Abschn. 3.1). Hierfür eignen sich besonders gut informelle Gespräche mit Aktionären* beim Mittagsbuffet auf der HV, aber natürlich auch die offiziellen Statements der Anleger* am Rednerpult.

Dafür braucht der Journalist Geduld. Bevor die Aktionäre* zu Wort kommen, vergeht im Regelfall mindestens eine Stunde. Zunächst eröffnet der Aufsichtsratsvorsitzende* in seiner Funktion als Versammlungsleiter die Hauptversammlung, indem er die anwesenden Aktionäre* begrüßt und einige Ausführungen über den formalen Ablauf der Veranstaltung macht. Nur selten äußert sich der Chef* des Kontrollgremiums inhaltlich. Sollte er dies jedoch tun, könnte es bereits hier interessant werden. Danach hält der Vorstandsvorsitzende* eine längere Rede über das, was das Unternehmen im vergangenen Jahr geleistet hat, was es in diesem Jahr und in Zukunft leisten will. Diese Äußerungen enthalten für den Journalisten* meist nichts Neues, ähneln sie doch oft sehr stark den Reden, die die Unternehmenschefs* bereits auf der Bilanzpressekonferenz gehalten haben.

Häufig enthalten die Reden auch verhalten selbstkritische Wendungen, die die Anleger* besänftigen sollen, wie etwa: „Ich weiß, meine Damen und Herren, der Aktienkurs sollte noch deutlich höher sein. Dafür werde ich mich auch weiterhin mit allen Kräften einsetzen." Manchmal weisen die Reden aber auch Neues auf. So könnte zum Beispiel der Chef* eines Dienstleistungsunternehmens eine neue Serviceoffensive ausrufen. Oder ein anderer* verkündet, dass sein Unternehmen wieder bereit sei für größere Übernahmen, die langfristig den Aktienkurs nach oben treiben sollen. **Nach diesem Pflichtteil folgt die Generaldebatte,** in der nun die Aktionäre* das Wort haben. Oben auf der Rednerliste stehen in der Regel die Investoren* mit den größten Aktienpaketen. In letzter Zeit ergreifen zunehmend Vertreter* größerer ausländischer Investmentfonds das Wort. Doch auch schon früher haben sich immer wieder Repräsentanten* deutscher Fondsgesellschaften aktiv eingebracht, zum Beispiel vom Deutsche-Bank-Fonds DWS.

Aktionärsverbände mit bevorzugtem Rederecht: Ziemlich weit am Anfang platziert sind auch Vertreter* der organisierten Kleinaktionäre*. Eine führende Rolle nehmen hierbei die Deutsche Schutzvereinigung für Wertpapierbesitz ein (DSW) sowie die Schutzgemeinschaft der Kapitalanleger (SdK). Diese Investmentclubs zählen zusammen rund 40.000 Mitglieder* und sind bei fast jeder Hauptversammlung mit einem ihrer Vertreter* präsent, um die aktuelle Geschäftspolitik des Unternehmens kritisch zu beleuchten. Im Mittelpunkt stehen dabei Unternehmensstrategie, Aktienkurs und Dividende. Etwas aus der Art schlägt der Dachverband der Kritischen Aktionärinnen und Aktionäre, der vor allem Rüstungsproduktion, den Einsatz von Kernenergie und menschenunwürdige Arbeitsverhältnisse anprangert. Einen gewissen Aufwind haben die Kritischen Aktionäre* erfahren, seit sie punktuell mit der „Fridays for Future"-Bewegung zusammenarbeiten.

Auf die Organisationen folgen einzelne, „freie" Kleinaktionäre*, manchmal aber auch Einzelaktionäre* mit größeren Aktienpaketen. Auch ihre Wortmeldungen sind häufig von inhaltlicher Relevanz, lenken sie die Aufmerksamkeit doch auf viele verschiedene Aspekte. Viele ihrer Einlassungen sind subjektiver und emotionaler als die der „Organisierten", sie sind aber auch schonungsloser und deshalb besonders ehrlich. Gleichwohl ist hier eine gewisse Vorsicht angebracht. Denn bei einigen von ihnen handelt es sich um Hauptversammlungs-Profis, die von mehreren Unternehmen meist nur soviele Aktien besitzen, wie sie benötigen, um auf deren Hauptversammlungen Rederecht zu genießen. Einige dieser Personen reisen von HV zu HV, um diese in erster Linie zur Selbstinszenierung oder für Störmanöver zu nutzen. Wobei ihre Kritik manchmal dennoch durchaus Hand und Fuß hat.

Antworten aus dem Back Office: Die Generaldebatte nimmt die bei weitem meiste Zeit der HV ein, manchmal einen ganzen Tag lang. Denn die Aktionäre* geben nicht nur Kommentare ab, sondern stellen auch Fragen. Fragen zu vermeintlichen Ungereimtheiten in der Konzernbilanz, zur Unternehmensstrategie in einzelnen Kontinenten oder größeren Absatzmärkten wie China, zu den Umsatzerwartungen in den nächsten Jahren und und und. Die Vorstandsmitglieder*

sammeln diese Fragen und beantworten sie dann in Blöcken. Diese Vorgehensweise ist auch deshalb schon notwendig, weil die Manager* vor allem auf
Spezialfragen nicht jede Antwort sofort parat haben. Im sogenannten Back Office
erstellen die PR-Manager* zusammen mit Fachpersonal aus den jeweiligen
Unternehmensabteilungen die Repliken, die die Manager* dann verlesen.

Präsenzquote und Abstimmungen: Im Anschluss an die Aussprache gibt der
Aufsichtsratsvorsitzende* die ermittelte Präsenz des stimmberechtigten Kapitals
an. Von 2005 bis 2018 ist laut der Flossbach-von-Storch-Studie die durchschnitt-
liche Präsenzquote des Kapitals von rund 45 % auf fast zwei Drittel gestiegen –
auch dies ist ein Hinweis auf die steigende Relevanz von Hauptversammlungen.
Den Schlussblock bilden die Abstimmungen über die verschiedenen Anträge wie
die Entlastung des Vorstands und die Dividende. War dies früher eher Formsache,
so sind auch die Abstimmungen heute deutlich spannender geworden. Stichwort:
Bayer.

Informationen über die journalistische Darstellung einer Hauptversammlung
sowie Praxisbeispiele finden Sie unter: *https://www.zweite-aufklaerung.de/wie-
berichtet-man-ueber-eine-hauptversammlung/*

3.3   Der Tag an der Börse

Jeder Achte ist Aktionär: Nach Erhebungen des Deutschen Aktieninstituts
besaß 2018 in Deutschland jeder Achte Aktien. Die große Mehrheit ist jedoch an
Aktienfonds beteiligt, die von Profis gemanagt werden. Rund 4,5 Mio. Deutsche
halten Aktien oder sind sowohl Aktien- als auch Aktienfondsbesitzer. Die Zahl
der Aktienbesitzer* steigt seit der großen Finanzkrise 2008/2009 aber nur lang-
sam. Und im Vergleich zu anderen Anlageformen wie Lebensversicherungen,
festverzinslichen Wertpapieren und Bargeldeinlagen bewegt sich der Anteil
von Aktien am Geldvermögen privater Haushalte konstant unter zehn Prozent
(Deutsches Aktieninstitut 2019).

Stimmungsbarometer für die Wirtschaft: Aktien spielen zwar eine gewisse
Rolle bei der privaten Geldanlage, in erster Linie bleiben sie jedoch eine Anlage-
form von Großinvestoren. Gleichwohl gehört die Berichterstattung über das
aktuelle Börsengeschehen zum Standardrepertoire eines jeden Wirtschafts-
und Finanzteils bzw. einer jeden tagesaktuellen Wirtschaftssendung. Denn die
Börse bildet das Barometer für den Zustand der Unternehmen wie auch für die
Stimmung und damit die (gefühlte) Lage der Wirtschaft insgesamt.

Neutralitätsgebot: Dies vorab: Die Berichterstattung über das Börsengeschehen darf nicht mit einer Anlageberatung verwechselt werden – nicht von

den Medienkonsumenten* und auch nicht von ihren Produzenten*. Allgemeine Einschätzungen über den weiteren Verlauf des Handelsgeschehens sind möglich, zumal durch Verweise auf andere Quellen, nicht jedoch konkrete Kauf- und Verkaufsempfehlungen für bestimmte Wertpapiere. Es ist also ein Höchstmaß an Sachlichkeit geboten, weshalb sich der Bericht als am besten geeignetes Format empfiehlt. Der Einfachheit halber wird deshalb im Folgenden vom „Börsenbericht" die Rede sein, wenn die Berichterstattung im Allgemeinen gemeint ist.

Von der Tagesbilanz bis zum Jahresausblick: Meist zieht der Börsenbericht Bilanz darüber, wie sich die Kapitalmärkte im Laufe eines Tages entwickelt haben und wie die Aussichten für die nächsten Tage bzw. die nähere Zukunft sind. Ein Börsenbericht kann aber auch früh am Tage, vor Börsenbeginn, veröffentlicht werden und einen Ausblick auf den Handelstag geben. Auch Wochen-, manchmal sogar Jahresrück- und -ausblicke sind üblich – je nach Medium. Im Gegensatz zu den Printmedien können die Nachrichtenagenturen sowie die audiovisuellen und Online-Medien auch aktuelle Zwischenstände vermelden. So publiziert z. B. die Redaktion der *ARD-Börse* mehrere „Marktberichte" pro Tag.

DAX im Zentrum: Der Börsenbericht fasst die wichtigste Tendenz, mithin die wichtigsten Ereignisse des Handelstages zusammen und versucht, eine – tendenziell kurze – Ursachenanalyse zu liefern. Die meisten Börsenberichte weisen eine Reihe identischer Elemente auf. Er ist also in Hinblick auf die Inhalte stark formalisiert. In aller Regel listet der Börsenbericht eine Reihe wichtiger Indizes auf, wobei sich diese auch gegenseitig beeinflussen können. Der mit Abstand wichtigste Index ist der Deutsche Aktienindex, kurz: DAX, in dem die 30 größten börsennotierten Unternehmen Deutschlands zusammengefasst sind. Der weltweit größte Autohersteller Volkswagen, die Deutsche Telekom und der Chemieriese BASF gehören dazu, aber auch weniger bekannte Unternehmen wie MTU Aero Engines oder Heidelberg Cement. Der Börsenbericht gibt – meist als erste Information – an, wie sich der Punktestand des DAX entwickelt (*„legte um 187 Zähler auf 13.126 Punkte zu"*) und/oder prozentual verändert hat (*„notierte damit um rund ein Prozent fester als am Vortag"*).

Eigene Terminologie: Oft kommt bei der Beschreibung der Kursentwicklungen eine ganz eigene Sprache zum Einsatz. Diese ist zum einen immer noch beeinflusst von der früher streng festgelegten Terminologie großer Nachrichtenagenturen wie Reuters („gut behauptet", „uneinheitlich", „sehr schwach" etc.). Zum anderen wird die Börse zuweilen verbal vermenschlicht, wenn ihr Journalisten „Launen" oder eine „Seele" zuschreiben. Gemeint sind damit freilich die Anleger in ihrer Gesamtheit.

Parkett und Xetra: Im Fernsehen zeigen sich die Berichterstatter* meist auf dem Parkett der Frankfurter Börse. Tatsächlich wird als Referenzgröße jedoch

die weitaus wichtigere elektronische Handelsplattform namens Xetra genommen.
Das Börsengeschäft startet dort morgens um neun Uhr und endet um 17:30 Uhr
mit einer Schlussauktion. Es gibt aber auch Möglichkeiten des vor- und nach-
börslichen Handels, die vor allem Großanleger wahrnehmen. Die 50 größten
Unternehmen unterhalb des DAX bilden den M-DAX. Diese „Nebenwerte" aus
meist klassischen Branchen werden aber oft nur erwähnt, wenn es hier besonders
nennenswerte Ausschläge nach oben oder unten gibt. Dies gilt genauso für den
nächstkleineren Index TecDax, der die 30 wichtigsten Technologie-Werte bündelt.

Gewinner und Verlierer: Der Börsenbericht sollte zudem die Unternehmen
erwähnen, die aus vorhersehbaren Gründen wie einer Bilanzpressekonferenz
im Rampenlicht stehen oder die aufgrund anderer Faktoren (plötzliche Gewinn-
warnung, Sammelklage von Kunden, Kostenschub durch starke Erhöhung der
Ölpreise etc.) in den Mittelpunkt des Interesses rücken. Die Gewinner und Verlierer eines Börsentages sind vor allem immer dann von besonderem Interesse,
wenn es sich um Index-Schwergewichte handelt, die den gesamten DAX mit
hoch- oder runterziehen können. Denn oft beeinflusst das Abschneiden eines
wichtigen Wertes aus einer Branche auch andere Werte aus dem entsprechenden
Industriezweig. Dies wiederum kann Auswirkungen auf den gesamten Börsenver-
lauf haben.

Wallstreet, Tokio, Shanghai: Neben den Ausschlägen starker Einzelwerte
beeinflussen auch die sogenannten Vorgaben der internationalen Leitbörsen den
hiesigen Kapitalmarkt. Konkret: Die Stimmung und Tendenz an einem wichtigen
Börsenplatz kann auf andere Kapitalmärkte überschwappen. Denn Psychologie
spielt im „Kasino des Kapitalismus" eine extrem große Rolle. Dieser Effekt
kommt durch die unterschiedlichen Zeitzonen zustande, denn wenn zum Beispiel
der amerikanische Dow-Jones-Index schließt, ist es in Deutschland 22 Uhr – die
Vorgaben aus den USA könnten also den Handelsbeginn am nächsten Handelstag in Frankfurt beeinflussen. Der Dow-Jones-Index der New Yorker Börse („Wall
Street") umfasst 30 Werte der größten Industrie- und Technologieunternehmen
in den USA. Im kleineren Nasdaq-Index sind vor allem Technologie-orientierte
Unternehmen gelistet, hier finden sich allerdings auch „Börsenschwergewichte"
wie Alphabet/Google, Facebook und Apple. Oft wird auch der Nikkei-Index der
Tokioter Börse berücksichtigt. Eine zunehmend wichtige Referenz bildet zudem
das Geschehen an den größten chinesischen Börsen (Shanghai Composite Index,
Hang Seng in Hongkong etc.).

Euro, Dollar, Gold und Öl: Außer den genannten können zahlreiche weitere
Faktoren das Börsengeschehen bestimmen – oft auch volkswirtschaftliche
Determinanten, vor allem neue Entwicklungen beim Konsumklima, den Arbeits-
losenzahlen oder den Leitzinsen. Zudem kommt es häufig zu Wechselwirkungen

zwischen verschiedenen Segmenten der Kapitalmärkte. Bewegungen an den Devisen-, Renten-, Gold- oder Rohstoffmärkten können starke Auswirkungen auf die Aktienmärkte haben. Der Euro im Verhältnis zum US-Dollar sowie der Gold- und Ölpreis werden oft aber auch unabhängig davon genannt, um dem Anleger möglichst vollständige Informationen über die Märkte zu geben, zumal nicht alle Anleger ihr Geld in Aktien investieren. Zuweilen wird auch die Rendite für Bundesanleihen ins Spiel gebracht – besonders dann, wenn die Börsenkurse stark sinken und deutsche Staatsanleihen als „sicherer Hafen" für Anleger erscheinen.

Immer ein bisschen Spekulation dabei: Da es eine Vielzahl von Indikatoren und Triebkräften für das Geschehen an den Kapitalmärkten gibt, muss der Autor eines Börsenberichts filtern und selektieren, sich also auf den DAX, seine größten Ausschläge sowie die wichtigsten anderen Tendenzen konzentrieren. Der Börsenbericht sollte sich auf die Fakten (= Kennzahlen) fokussieren – wobei es allerdings schon bei den „Gewinnern und Verlierern" manchmal schwerfällt, eindeutige Ursachen für eine Kursbewegung auszumachen. Manchmal hat vielleicht einfach nur ein sehr großer Anleger sein Aktienpaket verkauft, weil er die Erlöse für ein anderes Investment brauchte. Ob dies tatsächlich der Fall war oder ob sich eine hohe Zahl von Kleinanlegern von den Aktien getrennt hat, wird oft nicht bekannt. Hier wie auf anderen Gebieten der Börse ist also oft eine mehr oder minder kleine Prise Spekulation nicht zu vermeiden.

Übersicht

Bei der Frage nach den Ursachen und Triebkräften, aber auch beim Ausblick sollte der Autor deshalb auf Einschätzungen von Experten zurückgreifen und diese sprechen lassen:

- Die **Strategen*** von Investmentbanken beobachten und analysieren die großen Entwicklungstrends an den Kapitalmärkten.
- **Finanzanalysten*** arbeiten für Investmentbanken, größere Geschäftsbanken sowie für exklusive Privatbankhäuser. Sie nehmen Unternehmen in Hinblick auf ihre wirtschaftliche Leistungsfähigkeit unter die Lupe und geben Ergebnisprognosen und Kauf- bzw. Verkaufempfehlungen ab.
- die **Chefökonomen*** von Banken eignen sich besonders gut für volkswirtschaftliche Statements wie z. B. die Auswirkungen der Konjunktur oder internationaler Handelskonflikte auf die Börse.
- **Fondsmanager*** wie z. B. von der DWS der Deutschen Bank oder von Union Investment der Sparkassen äußern sich eher selten. Wenn, dann aber meist kritisch.

- **Börsenhändler*** (Broker) hören Gerüchte „vom Parkett". Und ihnen fallen oft außergewöhnliche Handelsbewegungen von Aktien oder anderen Handelspapieren schnell ins Auge. Zuweilen können sie auch Hinweise darauf geben, wer große Aktienpakete ge- oder verkauft hat. Broker kommen tendenziell ohne Namensnennung in Print- und Online-medien zu Wort, denn ihr Geschäft lebt eigentlich von der Diskretion.

Informationen über die journalistische Darstellung des Börsengeschehens sowie Praxisbeispiele finden Sie unter: *https://www.zweite-aufklaerung.de/wie-verfasst-man-einen-boersenbericht/*.

3.4   Fach- und Verbrauchermessen

Die „Dickschiffe" unter den Messen: In Deutschland finden jährlich rund 180 internationale und nationale Messen statt. Am größten und populärsten sind die Internationale Automobilausstellung (IAA), die Internationale Grüne Woche, die Hannover Industrie Messe, die Buchmessen in Frankfurt und Leipzig, die Konsumelektronik-Messe Internationale Funkausstellung (IFA) sowie die Computerspielmesse Gamescom. Kaum minder frequentiert sind Messen wie die Achema im Bereich Chemie, die Drupa (Drucktechnik), die Agritechnica oder die Baumaschinenmesse Bauma. Sie sind nur weniger bekannt, weil es sich im Gegensatz zu den erstgenannten nicht um Verbrauchermessen handelt, sondern um Fachmessen im B-to-B-Sektor, die fast ausschließlich von Fachpublikum besucht werden.

Deutschland ist Messeland: Ergänzt wird das Bild durch jährlich mehrere Hundert regionale Messen, von denen der Mannheimer Maimarkt die mit Abstand größte Warenschau darstellt. Dazu gehören aber auch Messen wie die Thüringen-Ausstellung in Erfurt, die Unterfrankenschau (Ufra) in Schweinfurt oder die Immobilientage in Bad Segeberg. Deutschland gilt als eines der, wenn nicht gar als *das* führende Messeland der Welt. Inzwischen haben Messen alle möglichen Branchen erreicht: Das Spektrum reicht von Bildungs- und Gesundheitsmessen über Hanf- und Hochzeitsmessen bis hin zu Tattoo- und Erotik-Messen.

Ziel Markttransparenz: Genau genommen handelt es sich bei all diesen Veranstaltungen um Marketing-Events, die durch die Bündelung verschiedener

Anbieter und Aussteller ein Höchstmaß an Markttransparenz erzeugen sollen. Bei den Verbrauchermessen für ein breiteres Publikum stehen neue (und meist auch ältere) Produkte aus der jeweiligen Branche im Mittelpunkt. Bei Fachmessen rücken noch stärker technologische Innovationen und Produktvergleiche in den Fokus. Oft dienen Messen als Kontaktbörse und damit der Geschäftsanbahnung, die zum Teil schon vor Ort mit Vertragsabschlüssen gekrönt werden.

Zahlreiche Vorteile für die Berichtstattung: Wirtschaftsmedien berichten gern über Messen – Fachmagazine, Regional- und Lokalzeitungen sowie audiovisuelle Medien, so scheint es, gehen besonders häufig an den Start. Dies liegt daran, dass Messen auf begrenztem Raum, also mit relativ knapp bemessenem Aufwand für den Berichterstatter*, einen guten Überblick über eine Branche geben und die aktuellen Trends in ihr widerspiegeln können. Mitunter werden neue Produkte, die das tägliche Leben der Menschen „revolutionieren", bis hin zu kuriosen Erfindungen präsentiert. Zudem trifft der Journalist* bei einer Messe oft auf die wichtigsten und namhaftesten Hersteller bzw. Manager* der jeweiligen Branche – an einem Ort, innerhalb eines engen Zeitraums.

Events mit Verbrauchernähe
Fassbar statt trocken: Messen sind aber nicht nur wegen ihrer inhaltlichen Relevanz ein bevorzugtes Berichtsobjekt von Wirtschaftsjournalisten*, sondern auch weil sie „Event-Charakter" haben. Eine Messe ist als Medienereignis in aller Regel viel lebendiger als zum Beispiel eine Pressekonferenz, weil etwas gezeigt wird und weil es Besucher* gibt, die sich nach ihren Eindrücken befragen lassen. Die sonst scheinbar trockene Materie „Wirtschaft" wird auf Messen also fassbar und besonders anschaulich.

Worüber berichtet aber nun der Wirtschaftsjournalist*, wenn eine Messe stattfindet? Es bestehen vier verschiedene Fokus-Optionen:

- Über neue und interessante Produkte oder Technologien.
- Über die herstellenden Unternehmen – vor allem dann, wenn es um Newcomer geht oder darum, wie sich der Innovationsprozess für ein bestimmtes Produkt vollzogen hat.
- Über die Branche insgesamt, die auf der Messe vertreten ist. Dies ist vor allem dann sinnvoll, wenn die ausgestellten Produkte und Dienstleistungen – wie etwa Bücher oder Reiseziele – eher Thema für andere Ressorts wären.
- Über die Messe selbst.

Ist die Messe Anlass oder selbst Hauptthema? Bei den ersten drei Optionen steht nicht die Messe im Mittelpunkt, sondern bildet eher den aktuellen Anlass und szenischen Rahmen für die Berichterstattung. Selbstverständlich ist auch ein Mix aus den Komponenten möglich – vor allem dann, wenn sehr umfänglich und/oder mehrmals berichtet wird. Bei der „Messe"-Option geht es darum, die Atmosphäre bei der Warenschau einzufangen oder zu eruieren, ob die Messe ein kommerzieller Erfolg war. Dabei sollte der Wirtschaftsjournalist* aufpassen, nicht falsche Rückschlüsse zu ziehen: Hat die Messe mit stark rückläufigen Aussteller- oder Besucherzahlen zu kämpfen, sagt dies etwas über die Messe und ihren Veranstalter aus, aber nicht zwangsläufig auch etwas über den Zustand der Branche.

Übersicht

Fixe Termine: In der Regel bestehen Messen für Journalisten* aus den folgenden fixen Terminen:

- **Pressekonferenz vor Beginn** der Messe, bei der die Veranstalter statistische Angaben machen (Zahl der Aussteller, Zahl der teilnehmenden Länder etc.) und genauere Auskunft über die inhaltlichen Schwerpunktthemen der Messe geben.
- Vor allem größere Messen veranstalten vor ihrer offiziellen Eröffnung zunächst **„Journalistentage"**, während derer sich die Journalisten* ungestört an den Ständen umsehen können und an denen einzelne Aussteller* Pressekonferenzen veranstalten oder Produkte auf eigenen Presseterminen vorstellen.
- Am **Ende** der Messe findet oft eine weitere **Pressekonferenz** statt, auf der die Veranstalter* eine vorläufige Bilanz ziehen – mit Hinblick auf die Besucherzahlen und meist auch Geschäftsabschlüsse. Im Nachgang wird meist noch eine Pressemitteilung mit endgültigen Zahlen verschickt.

Der konventionelle Ansatz: Die meisten Medien konzentrieren sich auf diese angebotenen Termine und ergänzen ihre Berichterstattung dann oft noch durch einen Reportage-artig gestalteten „Messerundgang", der die wichtigsten Produktneuheiten, die Stimmung bei den Besuchern sowie sonst noch erwähnenswerte Details, etwa besonders sehenswert aufgebaute Stände, zu einem leicht konsumierbaren Lektürecocktail zusammenmixen soll. Dagegen ist grundsätzlich nichts einzuwenden. Allerdings ist es sinnvoll, nicht spontan über das Messegelände zu schlendern oder auch zu hetzen, um berichtenswerte Eindrücke und

Fakten zu gewinnen. Oft sind nämlich an den Ständen Vertreter* von Unternehmen tätig, die gar nicht berechtigt sind, mit Medien zu sprechen, und die dann an den Pressesprecher* verweisen müssen, der möglicherweise gerade nicht erreichbar ist.

Vorbereitung unbedingt notwendig: Deshalb bietet es sich an, Spontanität mit einem gewissen Maß an Planung und Vorrecherche zu verbinden. So ist es sicher hilfreich, auch bei einem Messerundgang ggf. schon Wochen vorher einige Termine mit Ausstellern zu vereinbaren, die dann vor Ort brauchbare Zitate liefern können. Darüber hinaus können Vorab-Recherchen über die Branche dazu dienen, persönliche Eindrücke auf der Messe in einen größeren ökonomischen Kontext zu setzen. Und aus dem einen oder anderen Manager*-Gespräch könnte ja auch ein längeres Wortlaut-Interview werden. Auf diese Weise ließe sich die etwas fantasielose Kombination aus Bericht von der Pressekonferenz plus Messereportage sinnvoll ergänzen.

Informationen über die wirtschaftsjournalistische Darstellung von Messen sowie Praxisbeispiele finden Sie unter: *https://www.zweite-aufklaerung.de/wie-berichtet-man-als-wirtschaftsjournalist-ueber-messen/.*

3.5 Das Manager*porträt

Fast wie bei der Malerei: Ob Vorstandschef*, Unternehmenseigner*, Verbandspräsident* oder Star-Berater* – das journalistische Manager*-Porträt bildet einen Menschen ab. Und dies möglichst dreidimensional. Es ist wie bei der Malerei, von der das Konzept des Porträts stammt: Eine subjektive Note des Autors* ist nicht nur erlaubt, sondern geradezu erwünscht. Persönliche Eindrücke dürfen geschildert werden – bis hin zu charakteristischen Äußerlichkeiten des Porträtierten*. Das Porträt soll also möglichst lebendig und plastisch gestaltet sein. Aber nicht nur das – und hier sind wir bei der „dritten Dimension": Auch die Psychologie kommt zum Einsatz. Denn der Autor* erstellt ein Persönlichkeitsprofil, bei dem er in die Tiefe geht, also die Stärken und Schwächen des porträtierten Managers auslotet und gewichtet.

Aktueller Anlass notwendig: Diese Komponente ist vor allem dann wichtig, wenn der Porträtierte* einen schwierigen neuen Job übernimmt oder sein Unternehmen in eine Krise gerät. Dann nämlich stellt sich die Frage: Hat er das Zeug dazu, die Herausforderung zu meistern? Und falls ja (oder nein): Warum? Anlass für ein Porträt kann aber gerade auch ein Scheitern oder ein Rücktritt sein. Porträts eignen sich auch gut für Serien mit einem übergeordneten Thema (Jungunternehmer*, Manager* aus dem Ausland etc.). Vor allem Lokal- und Regionalmedien nehmen auch gerne besondere Geburtstage wie den 50. oder 75. zum Anlass für ein Porträt des Firmeninhabers*. So oder so, für ein Manager*porträt sollte es immer einen konkreten aktuellen Anlass geben – andernfalls kann es schnell wie eine „PR-Nummer" wirken.

Das Managerporträt erfüllt im Wesentlichen drei Funktionen:

- Es soll erstens herausarbeiten, um was für einen *Typus* Manager* es sich handelt: Um einen ungestümen Macher*? Um einen für seine Mitarbeiter treu-sorgenden Patriarchen? Um einen kühl kalkulierenden Technokraten*, der Punkt für Punkt seines Plans abarbeitet? Oder gar um einen Manager*, der letztlich gar keine Klischees erfüllt?
- Zweitens, das Porträt sollte auch den *Menschen* hinter dem meist professionell-geschäftsmäßigen Auftreten des Managers* erkennen (lassen), beschreiben und analysieren.
- Und drittens, geschickt gemacht, kann das Porträt en passant auch noch das *Unternehmen* des Managers* mit porträtieren. Dies bietet sich besonders dann an, wenn das Charisma des Managers groß ist und das Unternehmen eher wenig Charme ausstrahlt.

Welche Personengruppen eignen sich am besten für ein Managerporträt? Dazu zählen

- klassischerweise bereits bekannte „Alphatiere", also *Top-Manager** wie Vorstandsvorsitzende* von börsennotierten Aktiengesellschaften oder auch Patriarchen, Eigentümer* von Familienunternehmen, die zugleich deren Geschäfte führen.
- Manager* aus der *zweiten Reihe*, die nicht zwingend im Vordergrund ihres Unternehmens agieren müssen, aber extrem wichtige strategische Funktionen innehaben. Beispielsweise der Entwicklungschef* eines Hightech-Unternehmens.
- sogenannte *„graue Eminenzen"*, die meist nicht in der Öffentlichkeit auftreten, aber doch einen erheblichen ökonomischen Einfluss haben. Beispielsweise der Leiter* der Strategie-Abteilung eines internationalen Konzerns.
- die Eigentümer* und Leiter* von vielversprechenden *Startup-*Unternehmen.

Fakten mit Einschätzungen verbinden: Ein Manager*potät sollte aus zwei großen Strängen bestehen, die aus dramaturgischen Gründen oft ineinander verschlungen sind. Der eine Strang ist faktenbasiert und besteht aus den zentralen beruflichen Stationen des Managers* und seinen wichtigsten Handlungen, Maßnahmen und Entscheidungen. Der zweite Strang ist dagegen sehr viel subjektiver, weil er versucht, ein Persönlichkeitsprofil des Porträtierten* zu zeichnen – resultierend aus den persönlichen Beobachtungen des Autors* sowie aus Einschätzungen Dritter. Dabei kann es sich um Charakterisierungen handeln, die aus zuvor veröffentlichten Porträts stammen. Noch gehaltvoller sind aber meist Einschätzungen von Menschen, die mit dem Manager* persönlich zu tun haben oder hatten.

Beantwortung der Leitfrage wichtiger als Detailinfos: Oft sind Managerporträts gespickt mit Details, manchmal auch mit vielen Insider-Informationen. Der Autor* möchte gern zeigen, wieviel er über den Manager* herausgefunden hat und wie detailgenau er recherchiert hat. Darüber sollte der Autor* jedoch nicht vergessen, dass sein Porträt eine klare Stoßrichtung aufweisen und damit eine Kernaussage treffen sollte. Diese sollte die am Anfang aufgeworfene Leitfrage („Wird er die Übernahme meistern?", „Ist es die richtige Person am falschen Platz?" etc.) beantworten. Wenn nötig, auch mit Vorsicht. Es sind natürlich auch weitere „Unterthesen" über die porträtierte Person möglich, denn schließlich soll ja ein möglichst differenziertes Bild entstehen.

Einige Fallstricke: Den meisten Autoren* bereiten Porträts großen Spaß. Doch fälschlicherweise gelten sie als „leichte Übung", denn sie sind mit einigen Fallstricken versehen. So sind Manager*porträts Teil des in Abschn. 2.1. thematisierten breiteren Trends zur Personalisierung im Wirtschaftsjournalismus. Zweifellos lassen sich mithilfe persönlich gestalteter Porträts, die möglicherweise noch mit Anekdoten ausgeschmückt sind, auch sperrige Inhalte aus der Welt der Wirtschaft leichter und eleganter transportieren. Allerdings sollte der Zweck nicht die Mittel heiligen. Zudem sollte nicht übersehen werden, dass ein allzu starker Fokus auf die Handlungsebene und damit auf persönliche Verantwortlichkeiten von Managern* dazu führen kann, dass strukturelle Mechanismen übersehen werden – sei es der Druck, den Großinvestoren* ausüben, oder seien es die „Sachzwänge", die der scharfe Wind des Wettbewerbs verursacht.

Mehr Lobeshymnen als Verrisse
Verletzliche Menschen: Auf der operativen Ebene noch viel wichtiger: Die ganz große Mehrheit der Manager*porträts gerät sehr wohlwollend, vielleicht sogar tendenziell zu positiv. Das mag einerseits an der Ehrfurcht oder auch an der Anbiederung des Autors* liegen. Andererseits oft auch auch daran, dass

die PR-Abteilung des Unternehmens und nicht zuletzt der Manager* selbst versuchen, sich im schönsten Licht zu präsentieren. Kritische Distanz ist also dringend geboten. Dessen ungeachtet sollte der Autor nie übersehen, dass es beim Porträt nicht primär um „die Sache" geht, sondern um Menschen, die ihre nachvollziehbaren Verletzlichkeiten haben, nicht selten aber auch von einer ganz besonderen Eitelkeit geprägt sind. Kritik und Ironie sollten deshalb mit einer gewissen Vorsicht zum Einsatz kommen – am Besten man lässt hier Dritte sprechen oder setzt einschlägige bis entlarvende Zitate des Porträtierten selbst ein.

Informationen über das Textformat sowie Praxisbeispiele finden Sie unter: *https://www.zweite-aufklaerung.de/wie-verfasst-man-ein-managerportraet/*.

3.6   Das Unternehmensporträt

Typische Leitfragen: Beim Unternehmensporträt gibt es eine Vielzahl von Annäherungsmöglichkeiten. Die am meisten gestellten Leitfragen heißen jedoch immer noch: Warum ist das Unternehmen so erfolgreich? Wie konnte es passieren, dass es nun kurz vor der Pleite steht? Dabei gilt es, die Vision, Strategie und Kultur des beschriebenen Unternehmens zu erkennen, zu verstehen und zu bewerten. Obgleich das Manager*porträt eine subjektive Note aufweisen darf und soll, liegt der Schwerpunkt vor allem auf dem Verstehen.

Ein Unternehmensporträt sollte einen konkreten Anlass haben. In der Regel reicht es nicht aus, wenn der Autor* das Unternehmen „einfach so spannend" findet. Sicher, manchmal mag man zufällig auf „das etwas andere Unternehmen" stoßen – sei es, weil es eine besondere Unternehmenskultur pflegt oder eine völlig andere Strategie verfolgt als seine Konkurrenten. Für ein Einzelporträt ohne bestimmten Anlass muss dieses Unternehmen aber schon sehr außergewöhnlich sein. Sinnvoller ist es dann, solche Unternehmen in einer Serie zu bündeln.

Die Anlässe für Unternehmensporträts sind vielfältiger Natur. Es können Fusionen oder Übernahmen sein, eine Neugründung, eine tiefgreifende Umstrukturierung, eine tiefe Krise oder gar der Konkurs eines Unternehmens. Ebenso eine Umbruchsituation – wenn zum Beispiel immer mehr Unternehmen ihre Produktion ins Ausland verlagern und sich die Frage stellt: Was hat der Lokalmatador vor Ort vor? Ein Porträt liegt auch dann nahe, wenn ein Unternehmen mit einer Produktoffensive tatsächlich den Markt aufrollt – und ihn nicht nur laut eigener Ankündigung erobern will. Nicht minder spannend: Wenn das Unternehmen schon seit längerer Zeit ein enormes Wachstumstempo aufweist und die Frage nach seinem Erfolgsmodell beantwortet werden will. Ein spannendes Porträt-Thema bietet sich aber sicher auch dann an, wenn sich ein Unternehmen oder sogar ein Konzern in Sachen Nachhaltigkeit (vgl. Kap. 4) besonders vorbildlich verhält.

Beliebte Start-ups: Seit einigen Jahren werden aber auch zunehmend Start-ups porträtiert, selbst wenn sie noch sehr klein sind und es bei nüchterner Betrachtung ungewiss erscheint, ob sie auf Dauer überhaupt überleben werden. Der „Start-up-Kult" ist vor allem auf den extrem schnellen technologischen Wandel zurückzuführen, der scheinbar alles möglich macht: Dass sehr kleine Garagenfirmen von heute auf morgen zu marktführenden Konzernen aufsteigen. Und dass aus einer pfiffigen Geschäftsidee binnen weniger Jahre eine Technologie wird, die sich viral über die ganze Welt verbreitet. Gerade die überbordende Bedeutung neuer Technologien hat dazu geführt, dass technische Innovationen wie z. B. eine künstlich intelligente Software oder eine revolutionäre Robotertechnik stärker in den Mittelpunkt von Unternehmensporträts rücken.

Die Gefahr der Jubelarie

Kritisch prüfen: Die große Herausforderung für den Wirtschaftsjournalisten* besteht darin, dass fast alle Unternehmen behaupten, bei ihnen liefe es hervorragend und/oder ihnen stünden glanzvolle Zeiten bevor. Dies sachgerecht zu überprüfen, ist nicht immer leicht, da Unternehmen weniger Auskunftspflichten unterliegen als etwa öffentliche Institutionen. Immerhin lässt sich die wirtschaftliche Lage bei börsennotierten Firmen aufgrund ihrer gesetzlich vorgegebenen Transparenz leichter checken als bei anderen Gesellschaftsformen. Vor allem bei kleinen und mittelständischen Firmen besteht die Gefahr, dass Porträts zu Jubelarien ausarten – auch wenn der Autor* dies in der Regel gar nicht beabsichtigt.

Beschränkter Informationszugang: Dies hängt damit zusammen, dass in mittelständischen Unternehmen die PR oft eng mit dem Marketing verzahnt ist und so ein eher werblicher Ansatz vorherrscht. Vor allem kleinere Unternehmen können zwar soziale Medien für ihre Kommunikationsaktivitäten nutzen. Doch stellen journalistische Medien meist die einzige seriöse und zugleich reichweitenstärkste Plattform dar, weil es sich die Unternehmen entweder nicht leisten können, Anzeigen zu schalten, oder weil ihre Kundengruppen zu spitz dafür sind. Der Medientermin für das Porträt besteht dann meist aus einem Gespräch mit dem Firmeninhaber*, der sein Unternehmen in den grellsten Farben schildert. Der Journalist* bekommt bestenfalls noch eine Werksführung geboten und eine Pressemappe in die Hand gedrückt.

Vollständige Innenansicht nicht möglich: Bleibt dem Journalisten* also nichts anderes übrig, als die ihm vorgeführte Schloss-Neuschwanstein-Fassade des Unternehmens einfach nachzuzeichnen? Natürlich nicht. Und dennoch berührt die Frage das grundsätzliche Problem, dass man als Journalist* selbst von denjenigen Unternehmen nie die vollständige Innenansicht erlangen kann, über die man bereits seit Jahren berichtet. Letztlich bleibt man ein Außenstehender* und ist größtenteils auf die Eindrücke und Informationen buchstäblicher Insider angewiesen. Positiv gewendet: Man versucht, so tief in das Unternehmen hineinzuschauen, wie es eben möglich ist. Auch wenn man zum ersten (und vielleicht letzten) Mal ein Unternehmen porträtiert, sollte man sich wie bei seinen „Langzeitbetreuten" nicht allein auf eine offizielle Stimme verlassen, sondern andere Meinungen einholen, möglichst eben die von Insidern.

Den Ausgangspunkt für die Recherche bildet der Blick auf die Website des Unternehmens, auf der man die Basisinformationen bekommt – oder auch nicht. Denn der Internet-Auftritt eines Unternehmens ist eine Visitenkarte: Will die Firma hauptsächlich für sich werben und ihre Produkte verkaufen? Oder bietet sie auch solide Informationen über das Unternehmen? Falls nicht, ist damit zu rechnen, dass der Eigentümer* beim Interview zum Beispiel nur ungern über Finanzkennzahlen reden wird. Entsprechend kann man seine Gesprächsstrategie ausrichten. Im zweiten Schritt recherchiert man im digitalen Zeitungsarchiv des Mediums und beim Bundesanzeiger und im Handelsregister: Was ist bisher bzw. ist überhaupt schon über das Unternehmen geschrieben worden? Zeigen sich bei früheren Veröffentlichungen bereits Ansatzpunkte für interessante Themen wie Krisenphänomene oder Zukunftspläne? Wie sind frühere Jahresbilanzen ausgefallen?

Vom Betriebsrat bis zur Konkurrenz: Weitere Informanten*
Zahlreiche alternative Quellen: Im Zuge der Recherche sollte man neben dem Firmenchef* mit weiteren Informanten* sprechen. Hier bieten sich der Betriebsrat und die zuständige Bezirksleitung der Gewerkschaft an, um zum Beispiel in Erfahrung zu bringen, wie die Firmenspitze mit ihren Beschäftigten umgeht oder ob Personalabbau geplant ist. Der Branchenverband, bei dem das zu porträtierende Unternehmen Mitglied ist, kann Auskunft über die Marktsituation insgesamt geben. Vielleicht springt dabei aber auch die eine oder andere inoffizielle Einschätzung zur Firma heraus. Ähnliches ist von Unternehmensberatern* zu erwarten, die auf die Branche des Unternehmens spezialisiert sind. Wer bei Konkurrenten anruft, hört zumeist: „Über Wettbewerber äußern wir uns nicht." Wer jedoch etwas bohrt und vielleicht sogar ein bisschen provoziert („Die haben behauptet, Marktführer zu sein. Stimmt das?"), kriegt dann möglicherweise doch hinter vorgehaltener Hand ein wertvolles Statement.

Vorher oder hinterher? Im Idealfall nimmt man diese Recherchen vor dem Interview mit dem Firmenchef vor*, um ihn mit der einen oder anderen Insider-Information zu konfrontieren. Diese Vorgehensweise kann aber auch nach hinten losgehen, wenn z. B. der Betriebsrat die Firmenleitung über die Anfrage informiert. Dann ist erst einmal das Vertrauen dahin. Hinzu kommt: Wenn man wenig über das Unternehmen weiß, sollte man besser erst einmal hineinschnuppern und dann weitere Informanten* ansprechen. Mit dem Firmenchef* macht man für diesen Fall aus, möglicherweise noch einmal mit Rückfragen auf ihn zuzukommen.

Welche Kernelemente weist ein Firmenporträt auf? Dafür gibt es nicht die eine richtige Antwort: Der Inhalt richtet sich nach dem Anlass und der sich daraus ergebenden Stoßrichtung des geplanten Porträts. Gleichwohl sollten die Leser* in jedem Fall erfahren, was das Unternehmen herstellt und wie es diese Produkte vertreibt („Geschäftsmodell"). Und wie groß es ist (Umsatz, Beschäftigtenzahl). Da es bei jedem Unternehmen letztlich darum geht, Gewinne zu erwirtschaften, liegt auch die Frage nach der Profitabilität auf der Hand. Zudem gewinnen Aspekte der Nachhaltigkeit zunehmend an Bedeutung (vgl. Kap. 4).

Des weiteren kann man verschiedenste Aspekte, die sich auch als Interviewfragen eignen, herausgreifen. Diese Aspekte können sein:

Übersicht

- Falls das Unternehmen börsennotiert ist: Welchen Kursverlauf gab es in jüngerer Zeit? Und welche Ursachen hat dies?
- Aus welchen Personen besteht der Kreis der Eigentümer*/Aktionäre*? Wie stark nehmen sie Einfluss auf das operative Geschäft?
- Welche Geschäftsidee hat (wann) zur Unternehmensgründung geführt? Wie wurde und wird das Unternehmen finanziert?
- Was will das Unternehmen in den nächsten drei bis fünf Jahren erreichen? Was hat es sich kurzfristig vorgenommen? Sind größere Projekte geplant? Wie sieht die langfristige Vision aus?
- Wie genau sieht die Strategie aus? Wo ist sie noch nicht optimal oder wird nicht optimal umgesetzt? Wird dagegen etwas getan?
- Wie hoch ist die Produktivität des Unternehmens (Umsatz pro Kunde)? Sind Maßnahmen geplant, um die Produktivität zu steigern?

- Ist das Unternehmen eher für seine defensive (Kostenbremser) oder offensive (Preiskrieger, Service-Weltmeister) Ausrichtung bekannt?
- Welche Rolle spielen Innovation, Marketing und Vertrieb – auch im Vergleich miteinander?
- Wie ist die wirtschaftliche Lage der Branche? Wie schneidet das Unternehmen in diesem Zusammenhang ab?
- Wie hoch sind seine Marktanteile? Sind sie in den vergangenen Jahren gestiegen oder gesunken?
- Wer sind die schärfsten Konkurrenten? Wo liegen die größten Stärken und Schwächen des Unternehmens?
- Hat das Unternehmen seine Expansion bisher organisch oder durch Übernahmen betrieben? Welche Pläne bestehen diesbezüglich für die Zukunft? Unter welchen Umständen wäre es vorstellbar, dass das Unternehmen selbst übernommen wird?
- Wer sind die größten Abnehmer? Wie sieht die Kundenstruktur aus? Wie ihre geografische Verteilung?
- Wo wird produziert – im Inland oder Ausland? Welche Rolle spielen die Zulieferer?
- Ist das Unternehmen sozial, sportlich oder kulturell engagiert? Warum gerade da?
- Wie umweltfreundlich und sozialverträglich produziert das Unternehmen? Weist es in Sachen Nachhaltigkeit ein besonderes Profil auf?
- Wie lässt sich die spezifische Unternehmenskultur charakterisieren?

Das Setzkasten-Prinzip: Der Fragenkatalog könnte – je nach Unternehmen und Branche – noch nach Belieben erweitert werden. Das Porträt kann dann wie bei einem Setzkasten aus den verschiedenen Aspekten bzw. Antworten zusammengesetzt werden. Was der Autor* jedoch berücksichtigen sollte: Im Vordergrund – und davon abgeleitet die Leitfrage – sollte stets der Anlass für das Porträt stehen. Der Fokus eines Porträts ist bei einer größeren Übernahme sicher ein anderer als bei einem 100-jährigen Firmenjubiläum. Aus der Leitfrage wiederum resultiert eine Kernaussage, die Beginn und Ende des roten Fadens bildet, der sich durch die Story ziehen sollte.

Das kalte Porträt

Bei tagesaktuellen Ereignissen und unvorhergesehenen Geschehnissen müssen Wirtschaftsjournalisten* schnell handeln. Dann ist es nicht möglich, erst einen ausführlichen Gesprächstermin mit dem Firmenchef* anzuberaumen, um ein ausgeruhtes Porträt zu verfassen. Vielmehr muss der Autor in solchen Situationen mit Bordmitteln arbeiten.

Kennt er das Unternehmen bereits gut, sollte dies kein allzu großes Problem darstellen, weil er dann auf eigenes Material – im Idealfall frühere Porträts – zurückgreifen und dieses anlassbezogen neu interpretieren kann. Es entstehen aber auch Situationen, in denen sich der Autor noch nicht mit dem Unternehmen beschäftigt hat und auf die Veröffentlichungen anderer Medien zurückgreifen muss. Manchmal gibt es sogar keine Fremdveröffentlichungen, sondern bestenfalls die Webseite eines Unternehmens, wenn es sich z. B. um eine Übernahme im fernen Ausland handelt. Dann ist der Autor* schon froh, wenn es sich um eine englischsprachige Seite handelt.

In diesen Situationen entstehen „kalte Porträts": Sie sind dadurch gekennzeichnet, dass der Autor* nicht vor Ort recherchiert hat und so eine gewisse räumliche wie sachliche Distanz zum Berichtobjekt vorhanden ist. Der Autor* sollte deshalb nicht den Eindruck erwecken, als würde er über intime Kenntnis des porträtierten Unternehmens verfügen. Im Vordergrund stehen die Fakten. Die Nutzung fremder Quellen, insbesondere Veröffentlichungen aus anderen journalistischen Medien, müssen entsprechend gekennzeichnet werden. Nota bene: Auch von Managern* müssen immer wieder kalte Porträts erstellt werden. Hier gelten die gleichen Regeln.

Informationen über das Textformat sowie Praxisbeispiele finden Sie unter: *https://www.zweite-aufklaerung.de/wie-verfasst-man-ein-unternehmensportraet/.*

Fazit und Ausblick   4

Der heutige Berufsalltag von Wirtschaftsjournalisten* ist über die Jahre und Jahrzehnte deutlich bunter und vielfältiger geworden. Dies liegt u. a. daran, dass die Zahl der Crossover-Themen, die nicht eindeutig einem Unterressort zugeordnet werden können (Abschn. 2.2), zugenommen hat. Die in Kap. 3 vorgestellten Klassiker bleiben dennoch: Sie bilden – je nach Sichtweise – das „Graubrot" oder eben die Eckpfeiler des Wirtschaftsjournalismus bzw. der Unternehmensberichterstattung.

Modernisierungsschübe nutzen: Auch bei den Klassikern kommt es darauf an, die mit den Modernisierungsschüben verbundenen Innovationsmöglichkeiten geschickt zu nutzen (Abschn. 2.1). Die Devise lautet deshalb auch hier: Erzählen, Erklären, Einordnen. Das Hauptinteresse des breiten Publikums mag in erster Linie größeren wirtschaftspolitischen Weichenstellungen wie „Mietendeckel" und Rentenreformen sowie typischen Verbraucherthemen wie Tarifvergleichen gelten. Doch ist auch das Interesse an der wirtschaftlichen Entwicklung von Unternehmen spürbar gestiegen. Denn z. B. die Fortschritte der großen deutschen Autokonzerne bei der Elektromobilität entscheiden über die Zukunft von Hunderttausenden Arbeitsplätzen und auch darüber, welches Auto man (wenn überhaupt) in zehn Jahren fährt.

Das Postulat der Nachhaltigkeit: Dieses neu erwachte Interesse an Wirtschaftsthemen haben sicher viele der in Abschn. 2.1 aufgeführten Mega-Trends befördert: die Globalisierung, die Digitalisierung und eine marktradikale Wirtschaftspolitik mit dem Rückbau des Sozialstaats und Privatisierungswellen als Folgen. Seit einigen Jahren hat ein neuer gesellschaftlicher, die anderen Entwicklungen eher korrigierender Trend sehr großes Momentum bekommen: Das Postulat der Nachhaltigkeit. Bereits in den 1970ern hat sich in der Gesellschaft die Umweltbewegung formiert. Seit rund 20 Jahren spielt bei Unternehmen das

L. Frühbrodt, *Journalistische Praxis: Wirtschaftsjournalismus*, essentials, https://doi.org/10.1007/978-3-658-30447-8_4

Thema eine größere Rolle, dort wird es oft mit Corporate Social Responsibility (CSR) gleichgesetzt: Unternehmen sollen im Einklang mit der Natur, mithin umwelt- und ressourcenschonend produzieren, und ihren Mitarbeitern* in Deutschland, aber auch im Ausland, vor allem Entwicklungsländern, faire Arbeitsbedingungen garantieren.

Wirtschaft nicht isoliert betrachten: Durch die Debatte über den Klimawandel und dadurch ausgelöste Protestbewegungen wie „Fridays for Future" hat dieser Trend noch einmal zusätzlichen Schwung erhalten. Gerade die jüngsten Entwicklungen führen deutlich vor Augen, dass Wirtschaft nicht isoliert als eigenes System betrachtet werden kann, sondern Schnittstellen zu zahlreichen anderen gesellschaftlichen Imperativen wie dem Umwelt- und Klimaschutz aufweist. Es ist naheliegend, dass der Wirtschaftsjournalismus diese Entwicklung nicht ignorieren kann.

Grüne Imagekampagnen: Die meisten Unternehmen machen es den Wirtschaftsjournalisten* damit nicht eben leicht. Nicht wenige versuchen, sich mit einzelnen PR-Aktionen ein grünes oder besonders sozialverantwortliches Image zu geben. Der Blick auf das gesamte Unternehmen bleibt jedoch verstellt. Seit einigen Jahren veröffentlichen vor allem größere Unternehmen – teilweise in Folge gesetzlicher Vorgaben – jährliche Nachhaltigkeitsberichte. Oft sind auch diese PR-gefärbt.

Aktiv gesellschaftliche Verantwortung tragen: Einige Unternehmen sind inzwischen dazu übergegangen, ihre Nachhaltigkeitsberichte in die Geschäftsberichte zu integrieren. Da viele Geschäftsberichte pünktlich zu den Bilanz-PKs erscheinen und dort zum Infomaterial gehören, sind nicht zuletzt auch die Wirtschaftsjournalisten* gefragt. Sie sollten nicht nur auf Umsatz, Gewinn und andere Finanzkennzahlen schauen, sondern sich auch mit der Klima- und Umweltbilanz des Unternehmens auseinandersetzen. Und in der Frage-Antwort-Runde ggf. kritisch nachfragen. Dies passiert zwar immer wieder, aber bisher handelt es sich meist um Einzelfälle und Spezialfragen. Hier könnte es noch mehr Engagement geben. Denn nicht allein die Unternehmen tragen gesellschaftliche Verantwortung, auch die Wirtschaftsjournalisten*.

Was Sie aus diesem *essential* mitnehmen können

- Der Überblick zeigt, dass es in Deutschland eine große Vielfalt an Wirtschaftsmedien gibt, allerdings oft noch ausgerichtet auf sehr spezielle Zielgruppen wie Manager und Anleger.
- Verschiedene sozioökonomische Megatrends wie Globalisierung, Digitalisierung und neoliberale Wirtschaftspolitik haben dazu geführt, dass inzwischen fast alle Lebenswelten der Bürger ökonomisiert worden sind. Damit steigt fast zwangsläufig ihr Interesse an Wirtschaftsthemen.
- Der Wirtschaftsjournalismus hat sich daraufhin in vielfacher Hinsicht modernisiert. Die neue Devise lautet: Erzählen, erklären, einordnen.
- Auch die Klassiker der Unternehmensberichterstattung wie Bilanz-PKs, Hauptversammlungen oder Fachmessen lassen sich mit diesem neuen Ansatz erheblich auffrischen.
- Den größten Nachholbedarf hat der Wirtschaftsjournalismus beim Thema Nachhaltigkeit. Wirtschaftsjournalisten* sollten deshalb noch stärker ökologische Aspekte berücksichtigen.

© Der/die Herausgeber bzw. der/die Autor(en), exklusiv lizenziert durch Springer Fachmedien Wiesbaden GmbH, ein Teil von Springer Nature 2020 L. Frühbrodt, *Journalistische Praxis: Wirtschaftsjournalismus,* essentials, https://doi.org/10.1007/978-3-658-30447-8

Literatur

Arlt, H.-J. & Storz, W. (2010). *Wirtschaftsjournalismus in der Krise. Zum massenmedialen Umgang mit Finanzmarktpolitik. Eine Studie der Otto-Brenner-Stiftung: Bd. 63. OBS-Arbeitsheft.* Frankfurt/Main: OBS.

Brandstetter, B. (2014). *Verbraucherjournalismus.* Konstanz: UVK.

Brandstetter, B. & Range, S. (2017). *Wirtschaft. Basiswissen für die Medienpraxis.* Köln: Herbert von Halem.

Deutsches Aktieninstitut (2019). *Aktionärszahlen des Deutschen Aktieninstituts 2018.* Frankfurt/Main. https://www.dai.de/files/dai_usercontent/dokumente/studien/2019-03-06%20Aktieninstitut%20Aktionaerszahlen%202018.pdf. Zugegriffen: 31. März 2020.

Edelman (2020). *Edelman Trust Barometer. Global Report.* London. https://www.edelman.com/sites/g/files/aatuss191/files/2020-01/2020%20Edelman%20Trust%20Barometer%20Global%20Report.pdf. Zugegriffen: 31. März 2020.

Frühbrodt, L. (2007). *Wirtschafts-Journalismus. Ein Handbuch für Ausbildung und Praxis.* Berlin: Econ.

Frühbrodt, L. (2013). *Auf dem Weg zu einem ganzheitlichen Wirtschaftsjournalismus.* In: Fachjournalist. Fachjournalismus – Fach-PR – Fachmedien. Zwei Teile. 3. April 2013. https://www.fachjournalist.de/ganzheitlicher-wirtschaftsjournalismus/. Zugegriffen: 31. März 2020.

Heinrich, J., & Moss, M. (2006). *Wirtschaftsjournalistik. Grundlagen und Praxis.* Wiesbaden: Springer VS.

Lehmann, K. (2018). Die Abnicker – Hauptversammlungen der DAX-Konzerne unter der Lupe. Unternehmensanalyse 13/6/2018. Flossbach von Storch Research Institute. Köln. https://www.flossbachvonstorch-researchinstitute.com/fileadmin/user_upload/RI/Studien/files/studie-180618-die-abnicker-hauptversammlungen-der-dax-konzerne-unter-der-lupe.pdf. Zugegriffen: 31. März 2020.

Mast, C. (Hrsg.). (2012). *Neuorientierung im Wirtschaftsjournalismus. Redaktionelle Strategien und Publikumserwartungen.* Wiesbaden: Springer VS.

Netzwerk Recherche (2007). Zehn Thesen zum kritischen Wirtschaftsjournalismus. In Netzwerk Recherche (Hrsg.), *nr-Werkstatt: Kritischer Wirtschaftsjournalismus. Analysen und
Argumente, Tipps und Tricks.* https://netzwerkrecherche.org/wp-content/uploads/2014/07/
nr-werkstatt-05-kritischer-wirtschaftsjournalismus.pdf. Zugegriffen: 31. März 2020.

Reckinger, G. & Wolff, V. (Hrsg.). (2011). *Finanzjournalismus.* Konstanz: UVK.

Schach, A. (Hrsg.) (2017). *Storytelling. Geschichten in Text, Bild und Film.* Wiesbaden:
Springer Gabler.

Printed in the United States
By Bookmasters